ELEGÍ VIVIR

Daniela García Palomer

ELEGÍ VIVIR

El accidente que marcó mi vida y el
camino de mi rehabilitación

Grijalbo

Elegí vivir

Primera edición: noviembre, 2004
Sexta edición: diciembre, 2004

© 2004, Daniela García Palomer
© 2004, Random House Mondadori S.A.
   Monjitas 392, of. 1101, Santiago
   Teléfono: 782 8200 / Fax: 782 8210
   E-mail: editorial@randomhousemondadori.cl
   www.randomhouse-mondadori.cl

Queda rigurosamente prohibida, sin la autorización escrita de los titulares del «Copyright», bajo las sanciones establecidas en las leyes, la reproducción parcial o total de esta obra por cualquier medio o procedimiento, comprendidos la reprografía y el tratamiento informático, y la distribución de ejemplares de ella mediante alquiler o préstamo públicos.

Printed in Chile – Impreso en Chile

ISBN: 956-258-196-9
Registro de Propiedad Intelectual: N° 143.003

Diseño de portada: Andrea Cuchacovich
Fotografía de portada: Juan Diego Santa Cruz
Diagramación y composición: Salgó Ltda.
Corrección de texto: Adriana Valenzuela P.
Impresión: Imprenta Salesianos S.A.

A mi mamá, por su entrega incondicional.
A mi familia y amigos, por su cariño y apoyo.
Y a Ricardo, por siempre creer en mí.

AGRADECIMIENTOS

No fue fácil decidirme a publicar este libro. Para mí es mucho más que un relato: es mi vida. Pero me sirvió mucho escribirlo y espero que su lectura sirva también a otras personas.

Quiero agradecer a las escritoras Ana María Güiraldes y Soledad Birrell por darme el primer impulso que necesitaba y por animarme a terminar lo empezado.

También a la periodista Susana Roccatagliata por guiarme en el complicado mundo de las editoriales. Sus consejos y su amistad fueron fundamentales.

A la periodista Jacqueline Hott por ayudarme con cariño a darle a mi libro el toque literario que le faltaba.

A la editora Lissette Sepúlveda por su dedicación y comprensión. Y a la editorial Random House Mondadori por permitirme convertir mi sueño en realidad.

Finalmente, agradezco a mis papás, hermanos, a mi familia y amigos, a los médicos que me atendieron con afecto, y a Ricardo, por acompañarme durante todo el camino. Gracias por no permitirme caer.

PRÓLOGO

Escribo estas líneas a casi diez meses desde el accidente de mi hija Daniela. No es mucho tiempo, las heridas físicas y las del alma aún no terminan de cicatrizar. Los días van pasando, a veces son buenos y a veces malos. Nuestra vida gira en torno a cosas distintas. En un día bueno, nos puede enorgullecer un progreso de Daniela. En un día malo, la pena nos abruma y sólo dan ganas de llorar.

Hemos conocido aspectos maravillosos del ser humano y otros muy mezquinos. El mundo completo ha cambiado a nuestro alrededor. Creo que uno nunca está preparado para el sufrimiento, menos para ver sufrir a un hijo. Ilusamente tenemos un sentimiento de invulnerabilidad. Los grandes remezones nos aterrizan.

A veces siento que he sido bendecida. He podido vivir un milagro. No sólo porque Daniela esté viva, también por ser su madre y testigo de su fortaleza.

¿Cómo puede seguir siendo tan dulce con las personas? Su sonrisa se prodiga a todos los que la rodean. Las rabias y frustraciones sólo las conocemos los muy íntimos. Nunca ha desquitado sus malos momentos contra el mundo. ¡Hay tantos amargados con problemas tan mínimos!

Mi hija nos ha dado tantas lecciones. Todo lo que se propone lo consigue. No importa cuánto haya que luchar o cuán difícil sea. Ella peleará con todas sus fuerzas y lo logrará. Ya no me atrevo a pensar en sus limitaciones, ella no las considera. Su espíritu no tiene límites.

Estoy segura de que Dios nos quiere mucho, ha permitido que Daniela siga a nuestro lado y que nos esté dando increíbles lecciones. Es imposible no cuestionarse nuestras prioridades o nuestras preocupaciones, todo se mira con un prisma distinto después del accidente.

Poco a poco vamos recomponiendo nuestra vida de familia, la experiencia vivida nos ha unido. Hemos manifestado sentimientos que muchas veces uno se guarda y no expresa por vergüenza o simple dejación.

Ha habido momentos muy duros, penas inmensas, pero como dijo el Papa: el amor es más fuerte. El amor de Dios, de nuestra familia y de cientos de personas amigas nos ha permitido mantenernos a flote. Las penas se pueden masticar y finalmente tragar. Lo importante y trascendente es seguir viviendo en el amor y rescatar lo positivo de las experiencias. Aunque a veces cueste ver la luz al final del túnel.

Leonor Palomer de García
Agosto de 2003

ANTES DEL ACCIDENTE

El segundo semestre de cuarto año de medicina ya iba bastante avanzado, al igual que nuestro cansancio, pero todos sabíamos que aún faltaba lo peor: el período de exámenes. Yo me sentía agotada, como cada fin de año. Mis días transcurrían entre la universidad y el estudio, con poco tiempo para la familia, amigos e incluso para Ricardo, mi pololo. En Santiago comenzaban los calores y yo soñaba con apurar el calendario, rogaba que llegara pronto el primero de febrero y partir de vacaciones.

Pero a todos en la escuela les tranquilizaba saber que se establecía una posible tregua entre tanto ajetreo: los Juegos Inter-Medicina (JIM), competencias deportivas que se realizan anualmente y en las cuales participan todas las facultades de medicina de Chile. Este año la sede era Temuco y el anfitrión, la Universidad Católica de esa ciudad. Yo, la verdad, tenía pocas ganas de ir. Motivos no me faltaban: al regreso nos esperaba la prueba de Dermatología y no tendría tiempo para estudiar. Tampoco tenía ganas de pagar la cantidad de plata que costaba el viaje. Finalmente, mi mejor amiga, Macarena, no iba a ir a Temuco porque recién un mes antes había pedido permiso para faltar al hospital por ir a un congreso en La Serena.

Unos dos días antes de la fecha límite para entregar el dinero e inscribirse en los JIM almorcé con uno de mis compañeros, Juan Pablo o Juampi para los amigos.

—¿Vas a ir? —me preguntó.

No quiso aceptar mi respuesta negativa y pasó el resto de la tarde dándome argumentos a favor del viaje.

—¿Cómo no vas a ir? Si casi toda la escuela asistirá. Yo ya he ido a los JIM de otros años y créeme, se pasa increíble. Después nos preocupamos de la prueba de Dermatología. Cuando volvamos todos estaremos hablando de lo bien que lo pasamos y tú te vas a quedar colgada. Piénsalo: si te quedas, te arrepentirás.

—Ya, ya, bueno, me convenciste —dije resignada y, antes que diera pie atrás, Juampi me llevó a pagar la inscripción. Escogí participar en fútbol —que me gusta y me entretiene— aun sabiendo que no me pondrían de titular; jamás fui a los entrenamientos porque coincidían con mi práctica de Full-contact, deporte que prefería porque me ayudaba a relajarme y a liberar las tensiones acumuladas en la universidad. En fin, pensé, tendré que aceptar ser reserva y gritar por mi equipo desde la banca. Con suerte, quizás puedo dar uno que otro puntapié a la pelota.

Ese mismo día, con Juampi convencimos a la Maca que nos acompañara en el viaje. Fue tanta nuestra insistencia que finalmente aceptó. Ya me sentía más entusiasmada y comenzaba a gustarme la idea de partir. Lamentablemente al día siguiente mi amiga se me acercó en un recreo para decirme que, reconsiderando el asunto, había decidido no ir. Eso me desanimó, pero no había vuelta atrás pues ya había pagado mi cuota.

El miércoles 30 de octubre de 2002 fue un día más pesado de lo habitual. Algunos compañeros habían llevado sus equipajes a clases con la intención de irse directo al tren, y tuvieron que cargar su mochila el día entero. Yo no quería pasar por eso así que, aprovechando que no vivo lejos de la universidad, decidí ir a mi casa a preparar mi bolso al finalizar las clases. El tiempo sobraría, pensé ingenuamente. Pero ese día las clases terminaron tardísimo y tuve que correr a casa. Al llegar a mi pieza abrí el clóset y fui echando en el bolso lo primero que pillé, con esa típica sensación de que a uno se le están olvidando la mitad de las cosas. Mi mamá entró a ayudarme un poco. Recuerda que en el sur hace frío, lleva una parka, insistía. Agotada, yo empezaba a preguntarme si realmente había sido una buena idea ir.

Con el bolso listo, me di cuenta de que casi no me lo podía, ¿cómo iba a lograr cargarlo? Miré la hora. Jamás lograría llegar a tiempo al Metro, donde nos juntaríamos un grupo para partir hacia la Estación Central. Puse cara de súplica, ante lo cual mi mamá, menos mal, accedió a llevarme hasta el Metro.

Una vez ahí, instalada en uno de los carros volví a dudar de mi decisión de ir a los JIM. Comencé a sentir la sensación extraña de que no debía estar ahí. ¡Qué tonta!, me repetía, ¿Por qué me dejé convencer? Me bajé en la Estación Universidad Católica, donde habíamos quedado de juntarnos. Busqué a mi alrededor sin divisar a ninguno de mis amigos. ¿Dónde se habrían metido? ¿Había llegado demasiado tarde? ¿Se habrían ido sin mí? De pronto escuché risas.

—¡Daniela, por fin! —gritó mi buen amigo José Luis.

Verlos tan alegres y entusiasmados me hizo olvidar esas ideas pesimistas que rondaban en mi cabeza y juntos continuamos el viaje hasta la Estación Central. Cuando llegamos estaba repleta de jóvenes estudiantes de medicina de todas las universidades. Nunca pensé que los JIM fueran tan populares. Me distraje mirando las distintas delegaciones y cuando volví a la realidad me encontré sola en medio del tumulto. ¿Dónde se habían metido mis amigos? Me sentí completamente perdida.

—¡Dani, por acá! —llamó Alejandro, uno de mis compañeros.

Qué suerte, estaba salvada. Arrastrando mi bolso me reuní con el resto y juntos comenzamos a buscar el andén correspondiente. Es aquel, nos dijo un guardia, señalando una hilera de convoyes maltrechos, ese es el tren que va a Temuco. Nuevamente algo en mi interior murmuró que no subiera a ese cacharro destartalado y viejo, pero ya mis compañeros, entre forcejeos y risas trepaban las pisaderas empujando la puerta de entrada al vagón. Quizás en ese momento, al ver el estado del tren, todos deberíamos habernos negado a subir, pero lo que pasa es que uno, especialmente cuando es joven, se cree invencible, está seguro de que nada malo puede pasar. Entonces me apoyé en esa idea protectora y me subí al tren.

Sonó un pito y un sinfín de chirridos metálicos indicó que comenzaba nuestro viaje. No sé qué hago acá, me dije nuevamente, mientras miraba a través de los vidrios sucios el enredo de rieles que lentamente dejábamos atrás. Mis amigos, ajenos a mis preocupaciones, reían, jugaban y cantaban.

Quería contagiarme de la alegría de mis compañeros, así que me paré y me dirigí hacia un grupo de amigas que bailaban y cantaban al son de una radio.

—¡Ya Dani, baila tú también! —gritó la Pancha.

Les obedecí. Si algo me encanta es bailar, pero luego de dos o tres pasos ya no quería más. Disimuladamente dejé el grupo. ¿Qué podía hacer ahora? Divisé a José Luis, Alejandro, Juampi y Diego conversando y riendo. Me acerqué a ellos.

—¿Ves que fue buena idea venir? Imagínate cuánto me habrías retado si no te hubiese convencido —me dijo Juampi.

Le sonreí, eran todos tan buenos amigos. ¿Por qué no podía compartir su entusiasmo? Me sentía tan fuera de lugar... Puede sonar increíble, pero, ahora, a la distancia, creo que mi cuerpo presentía algo, trataba de ponerme sobre aviso.

Volví a mi asiento, mientras mis compañeros circulaban de un vagón a otro, trayendo noticias de otros estudiantes. Felipe me ofreció un pedazo de chocolate. No tenía hambre, a pesar de que había almorzado sólo una escuálida ensalada; sentía un nudo en el estómago. Sin embargo, lo recibí. Nunca he podido decir que no a un trozo de chocolate. Me costó tragarlo, pero el sabor dulce en mi boca me dio energía.

Sintiéndome algo mejor, acepté la propuesta de Diego y Marco de movernos un poco. El viaje sería largo y era bueno ejercitar algo las piernas. Comenzamos, entonces, nuestra travesía para conocer a quienes serían nuestros compañeros o rivales en las competencias. A cada vagón que llegábamos preguntábamos: ¿De qué universidad son ustedes? ¡De la Mayor!, y nos quedábamos un rato conversando con ellos. Luego íbamos al siguiente carro y hacíamos la misma pregunta. De la Chile, nos contestaban, y así fuimos avanzando. Nos dispusimos a pasar al tercer vagón de nuestro recorrido. Diego iba primero, luego yo y Marco cerraba nuestra fila. Por fin empecé a pensar que podría llegar a pasarlo bien y que, después de todo, este viaje no había sido una tan mala idea.

* * *

La tarde del miércoles 30 de octubre de 2002 fue especialmente ajetreada para Leonor Palomer, madre de Daniela. Puso especial énfasis en buscar el regalo adecuado para una amiga que, días después, celebraría su cumpleaños número cincuenta con una gran fiesta fuera de Santiago.

Llegó apresurada a casa y dejó los paquetes de sus compras. Se puso una chaqueta y se preparó para su clase de baile. Cada miércoles con su marido iban al Estadio Español a la escuela de baile. Ahora estaban aprendiendo Merengue y debían ensayar los pasos. Los García no se perdían por nada del mundo esa divertida manera de hacer ejercicio.

Antes de salir, Leonor se preocupó de cerrar todas las cortinas de la casa y encender las luces del jardín; ya estaba oscureciendo. ¿Por qué sería que, a pesar de que vivían siete personas en la casa, ella era la única que siempre recordaba estas cosas? Fue a la cocina y abrió el refrigerador: todavía quedaban suficientes escalopas de pollo del almuerzo. Únicamente necesitaba preparar un poco de arroz para la comida. Todo listo. Sólo faltaba que llegara uno de lo hijos mayores para cuidar de sus hermanos chicos.

Con Daniela no podía contar esta vez. A última hora había decidido ir a Temuco a las olimpíadas deportivas. La vio llegar corriendo de la universidad, desesperada por el poco tiempo que tenía para preparar su bolso.

—Ay, mami, estoy atrasada y no tengo idea qué llevar —le dijo angustiada Daniela.

—Acuérdate de que hace frío en el sur, lleva algo abrigador —aconsejó Leonor.

Daniela insistía en su atraso y le pidió a su madre que le diera un aventón hasta el metro.

—No sé, yo también voy con la hora justa... —respondió Leonor—. Si partimos de inmediato, puedo llevarte.

Cargando un bolso más grande que ella, Daniela se bajó del auto y besó a su madre, quien daba las últimas recomendaciones. ¡Si tienes cualquier problema llamas a la casa! Miró a su hija alejarse. Por suerte viajaría en tren, era un medio seguro.

Terminada la clase de baile el doctor Cristián García, padre de Daniela, se despidió apurado de su mujer y de sus amigos. Esa noche le correspondía salir con la ambulancia del Hogar de Cristo, actividad voluntaria que realizaba con otros médicos. Recorrían los barrios pobres de la capital atendiendo a los más necesitados.

Leonor, cansada pero feliz, comió con sus cuatro hijos, tomó una ducha y se metió a la cama pensando que su única hija mujer debía ir disfrutando de su viaje con sus compañeros.

EL ACCIDENTE

¿Dónde estoy?, ¿estaré soñando? ¡Qué oscuridad! Poco a poco mi vista se fue acostumbrando a las tinieblas. Traté de levantar mi cabeza y noté que estaba acostada sobre pequeñas piedras. ¿Qué es esto?, mejor me vuelvo a dormir, ¡pero todo se ve tan real!

Comencé a analizar lo que tenía alrededor: sí, estaba de espaldas sobre los durmientes de una línea de ferrocarril. Los recuerdos empezaron a regresar mezclados con una sensación de irrealidad. Yo viajaba en un tren con mis amigos, ¿pero cómo había llegado aquí? Miré hacia adelante pero ya no se veía ningún tren, ¿por qué se olvidaron de mí?, ¿por qué me dejaron botada?, la cabeza me daba vueltas.

Los cabellos sobre mis ojos no me permitían ver bien. Alcé mi brazo izquierdo para despejarme la cara, pero no hubo contacto entre mi mano y mi rostro. Repetí el movimiento pero nuevamente pasó lo mismo. ¿Qué ocurre? Miré mi brazo y vi con espanto... ¡que no tenía mano! Inmediatamente busqué mi mano derecha sólo para darme cuenta de que también la había perdido. ¡No puede ser!

Debo estar soñando, no puede haber otra explicación, tiene que ser una pesadilla. ¿Pero, y mi viaje en tren? Seguramente me quedé dormida, ¡pero yo iba caminando con Diego y Marco! Capaz que todo haya sido un sueño, ¡pero tan real! Y si estoy soñando, ¿por qué no despierto?, ¡quiero despertar!, ¡quiero despertar en mi camita!

Pero yo seguía ahí, tirada sobre las piedras. No, no iba a despertar. Traté de comprender mejor la situación en que me encontraba. Todavía no podía entender cómo había llegado ahí, pero sabía que estaba en la mitad de los rieles. ¿Y si pasara otro tren? ¡Tengo que salir de aquí!

Intenté pararme, sólo para volver a caer. Miré mis piernas, ¡no podía creerlo!, mi pantalón estaba rasgado, manchado con sangre. Mi pierna izquierda estaba cortada sobre la rodilla y mi pierna derecha a nivel del tobillo. ¡Había perdido no sólo mis manos, sino también mis piernas! La angustia y el horror eran demasiado grandes, sólo me pude desahogar gritando.

—No, esto es imposible, ¿por qué a mí?, ¡sólo tengo 22 años! No puede ser verdad, no quiero ser inválida. ¡Mami, mami! ¿qué hice yo? ¡Sólo iba en un tren!

Me sentía tan sola, yo creo que ahí entendí realmente lo que significa la soledad. Toda la gente que quiero pasó por mi cabeza, pero ninguno estaba conmigo. ¿Por qué nadie venía a recogerme?

Traté de calmarme, algo tenía que hacer, y pensé en mi papá. ¡Él es médico! Él me va a ayudar a recuperarme si esto es real. Ahora la medicina está tan avanzada, ¡me pondrían mis piernas y manos otra vez! Aferrada a ese pensamiento, con todas mis esperanzas puestas en él, decidí luchar por mi vida. No quería morir, aún tenía muchas cosas que hacer, metas que cumplir, recién comenzaba a vivir.

Lo primero es salir de aquí, pensé. Tenía muy pocas fuerzas, pero las concentré en levantarme como fuera, para intentar pasar sobre una gran viga de metal grueso, el riel. Me dolía todo el cuerpo, estaba muy mareada, y con el riel me golpeé fuertemente el muslo derecho. Pero, después de hacer un gran esfuerzo lo logré, ahora yacía en medio de ambas vías, fuera de peligro de ser arrollada por otro tren. ¿Y ahora qué hago? Necesitaba encontrar a alguien que me ayudara, y tenía que ser luego porque el mareo aumentaba y podía perder la conciencia.

Miré a mi alrededor, tratando de ver a través de la oscuridad, y a lo lejos distinguí unas luces blancas y azules. ¡Una bomba de bencina! ¡Eso es, ahí debe haber gente! Comencé a arrastrarme hacia allá, pero no alcancé a recorrer ni un metro cuando me di cuenta de que mis fuerzas me abandonaban. Jamás iba a lograrlo, era demasiado lejos. Tal vez me escuchen. Toda la energía restante la usé para gritar lo más fuerte que podía.

—¡Ayúdenme! ¡Alguien, por favor, ayúdeme! ¡Ayuda! ¡Necesito ayuda!

Grité hasta que ya no me quedaron voz ni fuerzas. Tampoco pude mantenerme sentada, tuve que recostarme.

El cansancio y el mareo hicieron que de a poco mis ojos se fueran cerrando. De pronto escuché un ruido, ¿alguien habría oído mis súplicas? Me volví en la dirección del sonido, pero sólo vi un perro que olía algo. Fijé más mi vista para ver qué husmeaba. ¡No lo puedo creer! ¡Era mi pierna, la pierna que me había cortado el tren! Por favor, que la deje. No me atrevía a moverme por temor a que el perro me mordiera. Pero no quería que le hiciera nada a mi pierna, ¡me la tenían que volver a poner!

—Por favor, perrito ándate, deja mi pierna.

Al cabo de unos minutos eternos, el perro se alejó.

El susto me dio nuevas fuerzas y reanudé mis gritos de auxilio. Pero sólo obtuve silencio como respuesta. Estaba tan sola. Mi cuerpo ya no podía más, no era capaz sostenerme. Fui perdiendo la conciencia poco a poco. Mi mente comenzó a divagar, el sueño me fue venciendo. Después de todo, tal vez sí estaba soñando.

EL RESCATE

Un segundo ruido me hizo volver en mí. ¡Oh no, regresó el perro! Aterrada, distinguí una sombra, pero era demasiado grande para ser de un perro. Enfoqué mejor, ¡era una persona!

—¡Ayúdeme, ayúdeme, por favor! —le grité.

—¿Qué te pasó? —el hombre se acercó.

—No sé, me caí del tren, no tengo manos y también perdí mis piernas, ayúdeme, por favor.

Me miró asustado, no había notado mi gravedad.

—No te muevas, yo voy a buscar ayuda —dijo y se alejó.

Por primera vez pude respirar más tranquila. Me volví a acostar, esperando que esa persona pudiera conseguirme auxilio.

Pero nadie venía y comencé a perder las esperanzas. ¿Qué voy a hacer ahora? Las fuerzas me abandonaban. Incluso intenté gritar de nuevo, pero no me salió la voz. No quería perder la fe, debía confiar en que esa persona me salvaría. ¿O tal vez eso también había sido un sueño? Nuevamente comenzaba a divagar.

* * *

Como casi todas las noches, Ricardo Morales había salido a fumarse un cigarro al lado afuera de su casa, distante a unos veinte metros del lugar donde yacía Daniela. ¡Qué caluroso había sido ese 30 de octubre! Su trabajo, consistente en cuidar y mantener todo en orden en el fundo de su patrón, lo hacía agradecer que hubiese anochecido. Dentro de su casa, sin embargo, el correteo de los niños parecía aumentar la temperatura.

—Voy a dar una vuelta —dijo a su señora.

La noche, oscura y tranquila, le servía para relajarse y meditar sobre las distintas cosas vividas durante el día. De pronto escuchó que se acercaba un tren pero, acostumbrado al traqueteo, sólo dio unos pasos atrás. Era un tren más bullicioso que de costumbre, y desde su interior se escuchaban risas, música y voces de jóvenes. Por algunos segundos Ricardo se conectó con sus vidas. ¿A dónde irían? Era evidente que lo estaban pasando bien, ojalá tuviesen un buen viaje. El tren se alejó, volvió el silencio y Ricardo se concentró nuevamente en su cigarrillo.

Un ruido quebró su ensimismamiento. Agudizó el oído pero no escuchó nada; seguramente lo había imaginado. Iba a continuar su camino cuando nuevamente oyó algo y ahora pudo reconocer la voz de una persona. Venía desde su derecha, así que se dirigió hacia allá. Divisó un bulto en la mitad de los rieles. Al acercarse se percató de que era una persona que, entre gritos y llanto, pedía ayuda.

Morales dudó en seguir avanzando, podía ser una trampa. ¿Y si quieren asaltarme? Había escuchado historias así. Pensó retroceder, pero algo en su interior lo instó a seguir avanzando. La persona se había percatado de su presencia.

—¡Ayúdeme, ayúdeme por favor! Perdí mis manos y mis piernas, por favor ayúdeme —dijo la que ahora reconocía como una mujer joven.

¡Qué terrible visión! Pobre muchacha, seguramente había sido atropellada por el tren que recién había pasado. ¿Cómo seguía viva? Algo tenía que hacer por ella, pero no sabía bien qué. No se atrevía a tocarla.

—No te muevas, voy a ir a buscar ayuda —dijo Ricardo.

Su mente trabajaba a mil por hora, ¿qué hacer? Miró a su alrededor y divisó la bomba de bencina,

¡qué suerte!, ahí alguien podrá ayudarme. Se dirigió hacia esas luces blancas y azules.

—¡Auxilio! ¡Una joven está gravemente accidentada en la línea del tren! —gritó desesperado, con el poco aire que le quedaba tras haber corrido desde donde se encontraba la muchacha.

Mucha gente lo escuchó y alguien llamó al número de emergencias. No transcurrió mucho tiempo hasta que llegó la gente del SAMU.

Mientras atendían a la joven accidentada, un grupo de personas de las cercanías se juntó alrededor de ella. Deseaban enterarse de lo sucedido. Un poco más calmado, Ricardo también se acercó. Vio que la montaban en una camilla y se preparaban para subirla a la ambulancia. ¿Qué pasaría con esa muchacha? ¿Lograría sobrevivir? Se veía tan gravemente herida. Y si sobrevivía, ¿qué sería de su vida? Los pensamientos se agitaban en la cabeza de Ricardo mientras veía alejarse a la ambulancia con la joven a la que había encontrado, la joven a la que le había salvado la vida.

* * *

De pronto escuché voces, un grupo de personas se acercaba. Al ver sus trajes amarillos, sus insignias y los materiales que portaban, comprendí que se trataba de un equipo de rescate. ¡Por fin venían por mí! Sentí como poco a poco la angustia daba paso al alivio, ya no iba a morir en ese lugar.

Después supe que ese equipo de rescate se trataba del SAMU (Servicio de Atención Médica de Urgencia) de Rancagua, institución formada menos de un año atrás. Al ser llamados, se movilizaron de inmediato y me atendieron con rapidez y eficacia. Supieron calmarme un poco con palabras de aliento. Yo estaba extremadamente grave, si no hubiesen actuado de ese modo hoy no estaría contando esta historia.

—¿Qué te pasó? —me preguntó un funcionario del SAMU.

Histérica, traté de explicarle que no sabía, pero que había perdido mis manitos y mis piernas, que yo iba en un tren, que no entendía cómo había llegado ahí, que por favor me ayudara. Y le dije mil cosas más, no podía parar de hablar.

—Callada —me dijo el mismo hombre—. Quédate tranquila.

Obedecí y cerré los ojos tratando de calmarme.

—¿Está muerta? —preguntó otro hombre.

¿Cómo puedo estar muerta? ¡Yo no quiero morir!, pensé y abrí los ojos desesperada. Vi que había dos hombres junto a mí. Di un suspiro de alivio: no había muerto.

Aparte de los del SAMU, un grupo de gente comenzó a juntarse a mi alrededor. Me quedé quieta mientras los paramédicos me examinaban y disponían todo para trasladarme a la ambulancia. De pronto alguien gritó ¡viene un tren! Todos comenzaron a alejarse, salvo el primer rescatista que se había acercado a mí. Permaneció a mi lado, tomó mi cabeza, alejándola de la vía, y me ordenó que no me moviera. ¡Apúrate, el tren está encima!, le gritaron. Él cruzó hacia los otros. Nuevamente estaba sola. Vi que el tren se acercaba justo por donde yo había estado al principio, y agradecí a Dios que se me hubiese ocurrido salir de las vías. El suelo comenzó a temblar, el ruido era ensordecedor. Comprendí entonces que los carros pasaban junto a mí. Traté de moverme lo menos posible pese a que la fuerza del tren hacía que yo me levantara del suelo. Recé para que el paso del tren terminara luego.

Finalmente se alejó y los del SAMU volvieron a atenderme. Con delicadeza me subieron a una camilla y me trasladaron a la ambulancia. ¡Pero olvidaban algo muy importante!

—¡Mis piernas! Tenemos que llevarlas para que me las vuelvan a poner. Por favor, no las dejen aquí —grité desesperada.

—No te preocupes, van bien cuidadas —dijo alguien.

Me calmé un poco.

No bien arrancó el motor, con manos diestras comenzaron a colocarme las vías venosas, inyecciones y otras sustancias que ya no recuerdo. Me preguntaron mi nombre y mi edad y si sabía lo que me había pasado.

—Me llamo Daniela García y tengo veintidós años.

Sobre el accidente no estaba muy segura, pero les expliqué que iba de viaje en tren y que de repente me había encontrado en las vías. Por primera vez recordé cómo los vagones habían pasado sobre mí golpeándome el cuerpo, y los intervalos en que creía que todo había terminado pero era sólo el lapso entre carro y carro. Y entonces, también por primera vez, concebí la idea de haber caído por un agujero al cruzar de un vagón a otro. Después de todo, era la única explicación posible. Les conté lo que pensaba, pero luego agregué: ¿cómo va a haber un hoyo en un tren? Eso no está bien, ¿cierto? Los trenes no tienen hoyos en el piso. ¿Estoy soñando? Me mantuve hablando durante todo el trayecto. Incluso les conté que estudiaba Medicina en la Universidad Católica y que mi papá era médico del mismo lugar. Les pedí que me llevaran allá, donde tenían todo para atenderme bien. Además, era un lugar conocido al cual yo le tengo mucho cariño y, en ese minuto, yo necesitaba más que nunca ver algo familiar. Me volvieron a decir que no me preocupara, que me quedara tranquila. Más adelante la gente del SAMU me comentaría que no comprendían cómo yo podía hablar tanto, considerando mi gravedad y la cantidad de sangre perdida. Parecía como si los dos glóbulos rojos que te quedaban los tuvieras en la lengua, me dijeron.

Llegamos a un hospital, el Hospital Regional de Rancagua, supe después. Me bajaron en la camilla, y el grupo de personas que me esperaba intercambió algunas palabras con los del SAMU. Una vez adentro fui llevada a una sala donde comenzaron a examinarme. Muchas mujeres —enfermeras, seguramente— circulaban a mi alrededor. Entre otras cosas, me ponían calmantes para el dolor de mis extremidades, que ya se hacía intolerable. Además de eso, me sentía muy angustiada: comenzaba a tener plena conciencia de que lo ocurrido no era un sueño, era verdad. Necesitaba tranquilizarme, y como pude giré la cabeza hacia una de las enfermeras y le pregunté: ¿Voy a quedar inválida? La mujer no me respondió y con tristeza desvió la mirada.

Le pregunté a otra y pasó lo mismo. La aflicción creció dentro de mí y me puse a llorar.

Una señora se acercó y me preguntó por un teléfono donde avisar a mis familiares. La posibilidad de estar de nuevo con la gente que quiero hizo revivir la esperanza, de modo que le di el número de mi casa. Quería estar con todos ellos, pero a la que más necesitaba era a mi mamá, necesitaba que me abrazara y me dijera que todo iba a estar bien. Me seguía sintiendo tan sola. Al rato volvió la misma mujer y me dijo que en mi casa no contestaban. ¡No!, ¿por qué justo ahora? Ya no podía aguantar más. ¿De qué servía todo lo que había luchado si no podía estar con mi familia? La mujer me pidió otro número donde avisar. No había pensado en eso, aún había posibilidades. Tuve que concentrarme para sacar otro teléfono de mi memoria, y finalmente le di el de mi abuela materna, que vive muy cerca de nosotros. Cuando la mujer se alejó yo recé para que ahora tuviera suerte. A los pocos minutos volvió para contarme que mi familia ya sabía lo ocurrido.

Me trasladaron a otra pieza para tomarme algunas radiografías y hacerme un scanner. Supuse que buscaban otras lesiones. Pero no me preocupé, no sentía ningún dolor aparte del de mis extremidades.

Pese al cariño y consideración de quienes me atendían, mi angustia iba en aumento. No quería quedar así para siempre. Me subieron a un ascensor. A mi lado un doctor de bigotes me miró y sonrió. Más calmada, me atreví a preguntar nuevamente:

—¿Voy a quedar inválida?

Volvió a mirarme sonriendo y me dijo:

—No, no te preocupes. Quédate tranquila, todo va a estar bien.

Eso era lo que yo necesitaba escuchar, ahora que lo pienso. Daba lo mismo si era verdad o mentira. Eran las palabras que yo esperaba oír y ese doctor las pronunció. Siempre se lo voy a agradecer, porque finalmente la angustia disminuyó y pude dejar de sollozar.

En el pabellón un equipo médico me esperaba.

—Debemos curarte y limpiarte las heridas —dijeron.

—¿Me pondrán anestesia general? —pregunté.

Les rogué que me durmieran, ya había sido demasiado. Pensé que tal vez cuando despertara todo iba a estar mejor. Había hecho lo imposible por salvarme, el resto ya no estaba en mis manos. Tenía la conciencia tranquila, pero necesitaba descansar de esta pesadilla. Entonces me pusieron una mascarilla, y poco a poco me fui calmando, lentamente me fui durmiendo.

* * *

Leonor leía cuando sonó el teléfono. Desde su pieza oyó que contestaba Cristián, su hijo mayor y mellizo de Daniela. Dio un respingo con los gritos y la pregunta ¿está viva? ¿Le habría ocurrido algo a la Paula, su polola?

—¡La Daniela tuvo un accidente! —exclamó.

No puede ser, dijo Leonor, ella va en un tren. Nada le hacía presagiar una desgracia. Pero al tomar el teléfono, una voz de mujer le confirmó que su hija había sufrido un accidente.

—Por favor, apunte el número del Hospital Regional de Rancagua; allí le darán más detalles —dijo la mujer.

Lo primero que saltó a la mente de Leonor fue un descarrilamiento y un sinnúmero de estudiantes magullados cuyos familiares estaban siendo avisados. Debía comunicarse con Rancagua y también ubicar a su marido, que cuando estaba muy ocupado apagaba el celular.

Leonor y su marido —que llegó en pocos minutos— decidieron partir de inmediato a Rancagua.

Mientras llamaban para tener más detalles, comenzaron a recibir avisos desde los celulares de compañeros de Daniela que aún iban en el tren y así se enteraron de que su hija era la única accidentada. Los muchachos no tenían más noticias; lo único cierto era que había caído por un agujero en el piso entre dos vagones.

El hospital de Rancagua confirmó el ingreso de Daniela; su estado era grave. Leonor escuchó las palabras pabellón y amputación. Cristián, por su parte, contestaba su celular y recibía más información de algunos papás de compañeros de Daniela, médicos también, quienes se habían comunicado con el hospital de Rancagua.

Al enterarse del accidente a través de su hija Pancha, que viajaba junto a Daniela, Claudio Canals y Paulina Cavagnaro, pareja de médicos amigos de los García, se ofrecieron de inmediato para acompañarlos a Rancagua. Leonor se preocupó de avisarle a Ricardo, el pololo de Daniela. Él también debía enterarse de lo que estaba pasando.

Al dirigirse hacia el Hospital de Rancagua tuvieron más noticias. Les confirmaron que Daniela había perdido sus piernas y sus manos. Todos rompieron en llanto, era demasiado. Rezaron para encontrarla con vida.

El viaje fue una pesadilla interminable. Al llegar al Hospital, lo primero que vieron Leonor y su marido fueron grupos de jóvenes sentados en las escaleras y en el suelo. Reconocieron a varios amigos de Daniela. Algunos lloraban.

Entraron a la carrera, atravesando pasillos y subiendo escalas, sin dejar de advertir el aspecto pobre y viejo del hospital. Cerca de los pabellones, les permitieron quedarse en la sala donde descansan los médicos. Mientras, Claudio Canals, que trabaja en cuidados intensivos, se vistió con ropas de cirugía y entró al quirófano.

Ahí estaban cuando llegaron Ricardo con sus papás y la Maca, la mejor amiga de Daniela. Minuto a minuto se fue juntando más gente. Canals, bastante afectado, salía frecuentemente a dar noticias de cómo evolucionaba la cirugía. Daniela había requerido de la transfusión de mucha sangre y de una larga operación, pero se encontraba estable.

Al no haber cama disponible en la UCI, decidieron trasladarla al hospital Fusat, distante a pocos kilómetros. Al sacarla hacia la ambulancia, sus padres pudieron verla al pasar. Permanecía anestesiada. Leonor y Cristián agradecieron a los médicos y a las personas del SAMU de Rancagua por haberla rescatado.

Antes de irse, Leonor preguntó si Daniela había llegado con algún documento o pertenencia. Lo único que le entregaron fueron sus zapatos ensangrentados...

La caravana de autos siguió a la ambulancia hasta el Hospital de la Fusat. Allí parientes y amigos se unieron a la larga espera, pegados a la puerta de la Unidad de Cuidados Intensivos.

Alguien sugirió ir a rezar a la capilla del hospital. Cuando comenzaba a amanecer, los amigos fueron volviendo a sus casas; sólo se quedaron Macarena y su mamá.

Por fin el médico anunció que podrían ver a Daniela, pero una persona a la vez. Leonor y su marido entraron por turnos, previamente vestidos con ropa aséptica y con la promesa de permanecer sólo unos minutos adentro. Daniela estaba intubada y conectada a sueros. En su cara se veían los puntos de sutura sobre el ojo derecho y algunas heridas superficiales. Costaba imaginar cómo estaba su cuerpo. En un momento en que Daniela pareció muy agitada, su madre lloró al darse cuenta de que ya no podría tomar su mano para consolarla.

La sensación de irrealidad persistía. ¿Cómo podía estar ocurriendo algo tan dramático? Durante la larga noche, Leonor y Cristián rezaban y trataban de darse ánimo. ¿Cómo sería el futuro de su hija?

Los amigos de Daniela continuaban llamando desde el tren para pedir noticias. Uno de ellos tuvo la presencia de ánimo como para fotografiar el lugar por donde había caído Daniela; no estaría de más tener un testimonio gráfico, pensó el muchacho, y obturó varias veces y de distintos ángulos.

Leonor llamó a su madre, que se había quedado en Santiago acompañando a sus nietos, para darle más noticias. Todos sus hijos estaban muy afectados, especialmente el mellizo de Daniela, Cristián, a quien no podían consolar.

Por la mañana comenzaron a llegar a Rancagua familiares y amigos. Todo era muy confuso. ¿Cuáles serían los próximos pasos que debían seguir?

Al pasar algunas horas, la estabilidad de Daniela permitió que fuera posible trasladarla al Hospital Clínico de la Universidad Católica. El Médico Jefe de la UCI de la Universidad Católica la fue a buscar en una ambulancia especialmente equipada y la acompañó hasta Santiago.

* * *

El 30 de Octubre de 2002 empezó temprano para Ricardo Strube, pololo de Daniela. Debía estar a las ocho y media en clases, en la sede de Peñalolén.

Cursaba cuarto año de Ingeniería Comercial en la Universidad Adolfo Ibáñez.

Había bastante tráfico y le tomó más tiempo del presupuestado llegar, pero no le importó, manejar siempre ha sido una de sus pasiones.

El día transcurrió sin novedades, las clases fueron bastante tediosas y el almuerzo del casino un tanto desabrido.

Terminó pasadas las tres de la tarde y como no tenía ninguna obligación importante decidió pasar algunas horas en el gimnasio de la universidad. Ricardo siempre ha sido una persona deportista. Desde los once años practicaba natación y, pese a que los estudios no le dejaban mucho tiempo, se las arreglaba para darle un espacio a la actividad física.

Desde que comenzó su pololeo con Daniela la entusiasmó por el deporte. Los fines de semana tomaban sus bicicletas y vamos pedaleando cerro arriba, para después bajar hechos unos bólidos. Ricardo le fue enseñando, con mucha paciencia, para convertirla en su compañera de paseos. Ahora los programan juntos, para combinar salidas en bicicleta, escaladas de cerros, y muchas cosas más.

Cansado, después de su práctica en el gimnasio, Ricardo llegó a su casa.

—¿Cómo te fue en la universidad? —lo recibió alegremente Cecilia, su madre.

—Bien, gracias. Voy a ir a leer el diario —contestó.

—¿No te vas a juntar con la Daniela hoy día? —volvió a preguntar su madre.

No lo iba a hacer. Daniela partía por cuatro días a Temuco y no alcanzaban a verse. Subió al segundo piso y se sentó en su sillón favorito a leer el periódico.

—¡Ricardo, teléfono! —le avisó la Caro, su hermana.

Era Pato, un buen amigo de la universidad. Llamaba para avisarle que esa noche se juntarían varias personas en su casa. Le entusiasmó la idea, siempre le ha gustado pasar tiempo con sus amigos.

Cerca de las seis de la tarde sonó su celular. Daniela, decía la pantalla. Sonrió, seguramente llamaba para despedirse. Ella le contó que estaba atrasadísima; capaz que perdiera el tren. Ricardo la tranquilizó y le deseó que lo pasara bien.

—Te quiero mucho —se despidió Daniela.

—Yo también —le respondió con cariño.

Sintió no poder despedirse de ella personalmente, pero, después de todo, habían estado juntos la tarde anterior y ya se verían de nuevo en un par de días más.

A las diez de la noche tomó las llaves de su jeep naranjo y se dirigió hacia la casa de Pato, en La Dehesa. Ahí se encontró con varios de sus amigos y se integró a la alegre conversación.

Le pareció sentir el celular vibrar en su bolsillo y lo miró. Llamada perdida de la mamá de Daniela. Intentó comunicarse, pero nadie contestó, seguramente se había equivocado al marcar. Minutos después el teléfono volvió a sonar, y nuevamente era la mamá de Daniela.

—¿Aló, tía?

Nadie contestó y se cortó. Llamó de vuelta pero la señal que había en la casa de Pato se perdía. Al rato dejó de insistir y se fue a disfrutar del asado al disco que estaban sirviendo.

Una hora después el teléfono volvió a vibrar. Era su madre, para avisarle que había hablado con la mamá de Daniela.

—Me dijo que la Daniela tuvo un accidente y que ellos se estaban yendo a Rancagua— le contó.

No debe ser nada grave, pensó. Daniela siempre ha sido regalona y seguramente estaba un poco asustada. Por supuesto que iría a Rancagua si ella así lo quería.

Al salir de la casa de Pato llamó al celular del papá de Daniela para conseguir más información. Él le contestó llorando, nunca lo había escuchado así. ¿Qué estaba pasando?

—Está muy grave. No sabemos nada más —le dijo entre lágrimas.

¡¿Qué?! No podía ser cierto, era todo tan irreal. ¡Hacía menos de veinticuatro horas que habían estado juntos! ¿Y si estaba muerta? No podía concebir la idea de perderla. Sintió algo húmedo en sus mejillas, estaba llorando, no recordaba la última vez que había llorado.

Pisó el acelerador sin dar importancia a los lomos de toro ni a los semáforos. Debía llegar pronto a su casa, necesitaba el apoyo de su familia. Entró corriendo y les contó a sus papás lo poco que sabía.

—Vamos contigo a Rancagua –le ofrecieron de inmediato—. Tú no estás en condiciones de manejar —dijo su padre.

En el camino Ricardo llamó nuevamente para tener más noticias, esta vez habló con la madre de Daniela. Así se enteró de que estaba viva pero con graves lesiones en sus extremidades.

Durante el viaje fueron analizando las distintas posibilidades de lo que podía haber pasado. Su papá lo tranquilizaba diciéndole que no podía ser tan grave si es que ella estaba viva.

Al llegar al Hospital de Rancagua pudo ver que la entrada estaba llena de amigos de Daniela. Le impresionó ver que todos sus rostros estaban llenos de amargura y la pequeña tranquilidad que había ganado durante el viaje se desvaneció. Juan Pablo, uno de los mejores amigos de Daniela, se acercó con los ojos enrojecidos.

—Ricardo, la Daniela perdió sus dos brazos y sus dos piernas —le dijo con pesar.

No, ¡¡no!! Daniela era una joven tan llena de vida, tan linda. Trató de imaginarla sin brazos ni piernas, pero era demasiado doloroso. Buscó a los papás de Daniela, quienes les dieron más detalles: su condición era estable y la trasladarían a otro lugar.

—¿Guardaron sus piernas y sus brazos? ¿Se los van a poder reinjertar? —preguntó Ricardo esperanzado.

—No, no se va a poder —le respondió la madre de Daniela.

Se sentaron a esperar y Ricardo trató de asimilar esta nueva realidad impuesta a la fuerza. Sólo quería que Daniela estuviese bien, que no muriera.

Él la iba a ayudar a recuperarse, Daniela era fuerte, juntos saldrían adelante.

A las dos de la madrugada se inició el traslado de Daniela al Hospital Fusat. Ahí pudo verla mientras la llevaban en una camilla hasta la ambulancia. Estaba llena de tubos y parches, y claramente se notaba que sobraba mucho espacio en la camilla, donde deberían haber estado sus piernas. Costaba creer que era la misma persona con la que había estado riendo hace tan poco.

Después de que se la llevaron decidió, junto a sus padres, que ya nada más podían hacer ahí. Así es que emprendieron el viaje de regreso.

Cerca de las cuatro de la mañana llegaron a la casa. Ricardo no podía dormir, todavía sentía cómo la adrenalina corría por sus venas después de todo lo que le había tocado vivir. Sabía que ya nada volvería a ser como antes. Quería apoyar a Daniela, ayudarla a soportar todo lo que se le venía encima, aunque no sabía bien cómo hacerlo.

Se quedó hablando un buen rato con su padre y esa conversación le sirvió para ver las cosas con más claridad. No podía quedarse dormido, así es que aceptó una pastilla que le ofreció su papá. Poco a poco se fue tranquilizando, sus últimos pensamientos fueron para Daniela.

LOS RECUERDOS DE UN AMIGO:
DIEGO ZANOLLI

Empezar a escribir sobre lo ocurrido está muy lejos de ser fácil. Doloroso como es, para aquellos que creemos en Dios siempre habrá una manera de seguir adelante... aunque esa noche me cuestioné todo lo que parecía tan sólido en mi vida.

A las seis de la tarde del 30 de octubre, Alejandro, José Luis, Juan Pablo, Felipe, Mario y yo nos reunimos en el metro Universidad Católica. La Dani fue la última en llegar, arrastrando un bolso que probablemente pesaba más que ella. Vestía pantalones blancos con flores que dejaban al descubierto parte de sus pantorrillas.

Llevábamos mochilas, coolers, bolsas de supermercado y cuanta cosa imaginable. En la Estación Central preguntamos cuál tren nos correspondía. Después de haber escuchado sobre la modernización de Ferrocarriles del Estado yo esperaba toparme con vagones de última generación. Mi ingenuidad chocó con la realidad al ver nuestro tren: muy antiguo, probablemente de la década de los 50, con vagones considerablemente deteriorados Los recuerdo con claridad: sus engranajes cubiertos por el óxido; pintados de un color que alguna vez fue azul y en los que el tiempo había dejado sus huellas. El aspecto al interior era peor. El piso del vagón en el que viajábamos era de madera terciada cubierta de plástico o algo similar. Por sus roturas se veía el esqueleto de metal; las ventanas, de madera, carecían del soporte para mantenerlas abiertas... Para permitir cierta ventilación, ingeniamos un sistema: una humilde lata de atún colocada entre la ventana y el marco.

Se suponía que cada delegación tendría un carro donde pudiera viajar junta. Sin embargo, nuestro grupo de la Católica inexplicablemente fue dividido en dos vagones; a algunos se les asignó uno de los primeros carros y el resto fuimos ubicados en otro, muy al final, separado por siete vagones.

Pasadas las ocho de la noche por fin el tren comenzó a moverse. Habíamos logrado abrir las ventanas, pero el inspector nos sugirió cerrarlas pues solía ocurrir que, al pasar por las poblaciones, algunos graciosos tiraban piedras, lo que había ocasionado más de algún percance a los pasajeros. Luego de revisar los pasajes se retiró, lo que dio comienzo al típico ajetreo de los viajes en ferrocarril: señoras con guaguas lloronas, vendedores de papas fritas, galletas, bebidas y cerveza, gente acomodándose y muchos estudiantes pasando de vagón en vagón. El inicio de las celebraciones no se hizo esperar...

Grupos de amigos se reunían en torno a una radio a todo volumen y pronto se estableció un animado ambiente de fiesta. Los más tranquilos formaban un núcleo aparte para conversar.

Tal vez fue cerca de las diez. Les propuse a la Dani y a Marco ir hacia adelante, al carro donde viajaba el resto de nuestra delegación. Y comenzamos nuestro recorrido, uniéndonos de tanto en tanto a las celebraciones de otras universidades. Unos guitarreaban y coreaban canciones de fogata, otros leían, muchos simplemente dormían. Preguntábamos de qué universidad eran y luego gritábamos ¡Vamos, USACH!, ¡Vamos, La Chile! o vamos la universidad que fuera. La cuestión era compartir la alegría.

Íbamos en fila india, yo primero, luego Daniela y Marco al final. De pronto la Dani se me acercó y, tomándome de un brazo, me dijo: Cuídame, Dieguito lindo... Esas palabras no las olvidaré nunca. Entramos a un carro completamente oscuro

—se había cortado la luz— y, por lo mismo, mucha gente dormía. Pasamos en silencio.

Más allá saludamos a unos amigos de la delegación de la Universidad Mayor y después proseguimos hacia el siguiente vagón. Yo encabezaba el grupo, y al abrir la puerta me encontré con que ese espacio oscuro entre los vagones no tenía luz porque... ¡simplemente no había ampolletas! Los forros laterales mostraban su deterioro y la placa metálica que unía el piso de ambos vagones estaba tan separada que dejaba un hoyo en el suelo. Muy cerca, dos amigos conversaban mientras fumaban un cigarro. Desde el otro vagón, en sentido contrario, venía Nicolás, un compañero de un curso más abajo. Como siempre, crucé yo primero. Esta vez tuve que dar un paso largo para evitar el hoyo. Un momento después sentí un golpe detrás de mí...

—¡Se cayó la mina! ¡Se cayó la mina! ¡Te estoy diciendo que la mina, la rubia que iba con ustedes, se cayó! —gritó uno de los tipos que fumaba.

Yo no lo podía creer, me tomaba la cabeza y me decía a mí mismo que era mentira, que esto no estaba sucediendo, que sólo era un sueño... No pasaron más de treinta segundos hasta que reaccioné: debía hacer algo. Pensé en saltar fuera del tren, pero rápidamente decidí que lo mejor era que este se detuviera. Busqué los frenos de emergencia, pero no había. Corrí hacia el inicio del vagón esperando encontrar a la Dani, que no hubiera pasado nada, pero no estaba allí. Había que detener la marcha, y el único que lo podía hacer era el conductor de la locomotora. Corrí hacia allá con Marco siguiéndome. Saltando por sobre los bultos en el pasillo, por los grupos de amigos, eludiendo cada obstáculo, con una idea clavada entre tanto dolor: tenía que detener el tren. Tardé unos dos minutos en llegar hasta el coche comedor, donde un funcionario salió a mi encuentro.

—¡Una mujer cayó del tren, no estoy mintiendo, no es una broma, por favor paren el tren! —le grité jadeando.

El funcionario partió inmediatamente hacia la locomotora. Y caí de rodillas, con el corazón destrozado y con sentimientos de impotencia, dolor y rabia.

Sólo entonces me di cuenta de que me seguían dos compañeros de la universidad preguntando qué pasaba.

—Se cayó la Dani —fue lo único que respondí mientras explotaba de indignación y pena. ¿Qué más podía hacer? Sólo rezar, así que comencé una oración en voz alta y les pedí a los pasajeros que rezaran junto a mí. Emprendí el regreso a mi vagón y a mi asiento. Al llegar donde mi delegación, un compañero de un curso superior me sugirió que me callara para no aumentar el pánico y la tensión. Me dejé caer junto a mis amigos.

Fue terrible verlos, antes felices celebrando y ahora con las caras torcidas por el dolor. No podíamos descargar nuestra impotencia como no fuera golpeando con los puños los asientos del maldito tren; unos lloraban, otros rezaban y algunos aún se negaban a aceptar lo ocurrido. Los más serenos nos ordenaban que nos quedáramos en nuestros asientos. Por mi parte, mi hermano Mario y una amiga me abrazaban tratando de contenerme. Yo aún profería gritos de rabia. Tantas eran mi conmoción y mi pena, que no podía llorar.

Recién quince minutos después de que diera aviso al funcionario del coche comedor, el tren se detuvo. Después supe que había sido por las advertencias del papá de una de nuestras compañeras. Si no se detenía, él cruzaría su vehículo en la vía férrea. El tren paró en un lugar oscuro, y cinco minutos después continuó el viaje hasta San Fernando. Antes de que se detuviera allí, un compañero se paró frente a todos y nos dijo que la Dani estaba viva, pero que no sabía nada más.

En San Fernando bajaron inmediatamente Alejandro, Felipe, Juan Pablo y Rubén; los esperaba el mismo señor que antes había amenazado con cruzar el auto en la vía, y partieron hacia el hospital de Rancagua, donde habían llevado a la Dani. A esa altura yo ya no daba más, tenía que hacer algo, tenía que bajarme del tren. Permanecer allí era una tortura insoportable. Acompañado por José Luis, Marco y mi hermano Mario, saltamos al andén. A un par de carabineros les pregunté por la Dani... Sí, está viva, pero perdió sus dos piernas, me dijeron.

En plena noche, con nuestras mochilas al hombro, caminamos como extraviados buscando ayuda. Al fin encontramos un taxi y le pedimos que nos llevara al hospital de Rancagua. Durante el viaje de treinta minutos —que me parecieron horas y horas— recé y pensé muchas cosas. Pensé cómo sería la vida de la Dani de ahora en adelante, me fijé en cada detalle de aquella situación, extremadamente tensa. Guardábamos un riguroso silencio, nadie tenía el valor de hablar ni la fuerza para apoyar al otro. Hasta que finalmente llegamos al Servicio de Urgencia del hospital. Ahí nos enteramos de todo...

Fue Juan Pablo el primero en salir a nuestro encuentro.

—Perdió las dos piernas... y los dos brazos —nos dijo, con una cara de dolor que nunca antes le había visto—. Ahora está en pabellón, se puede salvar.

Los padres de la Dani, ya avisados, venían desde Santiago a toda velocidad acompañados por los de otra compañera. También viajaban desde Santiago otros amigos y mis papás. En esa espera interminable se me acercó Marco y me dijo:

—Diego, no fue culpa nuestra, ¿verdad? ¡Dime que no lo fue!

Qué podía decirle, yo apenas podía mantenerme en pie...

—No Marco, no lo fue... esto te podía haber pasado a ti o a mí, no pudimos haberlo sabido...—. Luego, lleno de rabia, golpeé con fuerza una barra metálica en un intento por botar toda la indignación que sentía.

Al llegar mis papás, mi madre me abrazó fuerte. Los padres de la Dani, que venían detrás, pasaron directo hacia el pabellón. Cuando ya comprendimos que no había nada que hacer allí, decidimos que lo mejor sería volver a Santiago. Sólo al día siguiente, cuando me di cuenta de que no era una pesadilla, que era real, pude recién llorar... y lo hice larga y desconsoladamente...

EL DESPERTAR

Desperté descansada, con la sensación de haber pasado una muy buena noche. Abrí los ojos y lo primero que vi fue a mi tío Hernán, hermano mayor de mi papá. Me preguntó cómo me sentía.

—Bien —respondí.

—Estás en el hospital de la Universidad Católica.

Miré alrededor y, con felicidad, pude ver que era cierto. Todo me era familiar, ¡lo había logrado! Luego advertí la preocupación en los ojos de mi tío.

—Dani, ¿sabes qué te pasó?

Le dije que sí, que sabía que había perdido mis manos y mis piernas. Comprendo que lo lógico hubiese sido estar desolada, pero yo me sentía feliz. Finalmente no estaba sola, había luchado y había triunfado. Estaba viva, y en ese minuto, eso era suficiente. Pregunté por mis papás.

—Vienen en camino —respondió.

Eso me puso más feliz aún.

Luego entró a mi pieza mi hermano mellizo, Cristián. Somos los mayores de cinco hermanos, entre los que soy la única mujer. Hemos tenido un vínculo especial, Cristián siempre está cuidándome y protegiéndome, aunque no le guste admitirlo. Pero debo reconocer que después de la adolescencia nos distanciamos un poco y él se volvió más reservado.

Sus ojos enrojecidos demostraban que lo había pasado muy mal, pero por su sonrisa lo adiviné más tranquilo ahora que yo estaba consciente. Se me acercó y me acarició la cabeza con cariño. Yo todavía no despertaba completamente, por lo que no recuerdo todas las cosas lindas que me murmuró. Sí me acuerdo de su dicha al verme y el cariño que me transmitió. También recuerdo que me hizo prometerle algo, una «promesa de mellizos», dijo.

—Prométeme que no te rendirás, que lucharás por salir adelante.

Le contesté que sí, por supuesto; yo no pensaba hacer otra cosa.

Noté que también había otra persona. Era mi amiga, la Maca. Me puse muy feliz al verla, a ella también la había echado de menos. Le sonreí y me sonrió de vuelta. Comencé a contarle todo lo que me había pasado. Le dije que creía haberme caído por un hoyo al cruzar de un carro a otro y que había sentido cómo los vagones pasaban sobre mí. También mi despertar sola en las vías y cómo me había dado cuenta de que no tenía manos ni piernas. Que había luchado por vivir porque creía que mi papá iba a encontrar un modo de ayudarme. Pero, la verdad, yo todavía estaba preocupada, ¿y si él no me podía hacer nada?

Mis papás ya llegarían, me dijeron. Pero faltaba alguien muy importante para mí.

—¿Dónde está Ricardo? —pregunté.

—También viene en camino —me contestó la Maca.

Con Ricardo pronto cumpliríamos tres años juntos. Hemos tenido una excelente relación, nos entendemos muy bien y nos queremos mucho. Y para mí era fundamental verlo, no sólo porque lo extrañaba sino también porque me imaginaba su preocupación.

¡Mis papás, por fin! Al verlos no podía dejar de sonreír, estaba eufórica. Era como si no los hubiese visto en mucho tiempo y recién nos reencontráramos. Nos abrazamos y me pude percatar de que todo lo que yo estaba sintiendo, lo sentían ellos también. Pero yo todavía tenía un peso dentro de mí. Debía hacerle una pregunta a mi papá, pero temía su respuesta. Me armé de valor:

—Papi, ¿voy a quedar inválida?

—¡Por supuesto que no! —dijo con voz segura—. Ahora existen unas prótesis de piernas y manos super buenas, parecen de verdad. Y esas te vamos a poner.

Aunque la palabra prótesis me asustó un poco entendí lo que me trasmitía mi papá. Mi felicidad fue completa y pude disfrutar de su compañía. Después de hablar un poco y de explicarles a ellos también lo que me había pasado, mi papá me preguntó si yo quería demandar a la Empresa de Ferrocarriles. Ni siquiera tuve que pensarlo.

—¡Obvio que sí! Esto no puede volver a pasar. Lo más probable es que yo me cayera porque soy chica y flaca pero ¿qué pasa si la próxima vez se cae un niño?

De modo que mi padre, ese mismo día, se encargó de comenzar los trámites correspondientes.

Poco rato después llegó Ricardo. Mis papás salieron y nos dejaron solos. Nos abrazamos y me sentí muy protegida, como siempre cuando estoy con él. Se lo notaba aún muy tenso y preocupado, así que lo miré y sonriendo le dije:

—¿Me vas a ayudar a armarme de nuevo?

Más tranquilo, me aseguró que sí y nos reímos juntos.

Yo no podía más de felicidad. ¡Lo había logrado! ¡Estaba viva! Y lo más importante, ya no estaba sola.

EN LA UCI

Pasé alrededor de tres días en la Unidad de Cuidados Intensivos (UCI). Mis recuerdos de ese lapso no son muy claros: seguía mal y me continuaban administrando muchos medicamentos. Pero yo, sin saber de mi gravedad, me sentía muy feliz pese a estar conectada a mangueras y a monitores que cada cierto tiempo piteaban. Me costaba mantenerme despierta; varias veces me quedé dormida mientras hablaba con alguien y después despertaba muerta de vergüenza. Incluso una vez pasó algo muy gracioso: conversábamos con Ricardo y entró a la pieza su hermano Franz.

—Te veo borroso —le dije asustada.

—¡Pero Dani! Si tienes la máscara de oxígeno tapándote los ojos —respondió Franz.

No podíamos parar de reírnos.

Pero en medio de mi confusión hay algo que recuerdo claramente. Es el cariño con que me trataban doctores, enfermeras y auxiliares. Se ocupaban de los más mínimos detalles. Mi pelo, por ejemplo, estaba asqueroso, todavía pegoteado con tierra y sangre. La única solución será cortarlo, pensé, pero las auxiliares pusieron una palangana detrás de mi cabeza y me lo lavaron con champú y bálsamo. Después me lo desenredaron con increíble paciencia, un poco cada día, hasta que fue resucitando. Al principio, por mi debilidad, no podía ni siquiera levantar un brazo sola, entonces cada cierto tiempo, durante el día y la noche, con mucho cuidado y afecto me cambiaban de posición para que yo estuviera cómoda. Siempre estaban dispuestos a escucharme y a conversar conmigo, siempre tuvieron palabras de aliento. Hicieron muchas cosas por mí, pero lo más importante fue entregarme amor, durante esas semanas, cuando más lo necesitaba.

La pieza en que me encontraba era bastante pequeña, quizás de cuatro por dos metros, sin ventanas. Entera blanca y adornada sólo por los distintos monitores que resgistraban mis signos vitales. Los únicos ruidos que escuchaba eran los de esas máquinas, el de las bandejas metálicas que usaban las enfermeras, y algunas conversaciones entre ellas. Al no tener más distracciones, me concentré en distinguir los pasos y hasta las voces de las enfermeras. Y, por cierto, ese olor aséptico tan típico y familiar para una alumna de medicina. ¡Cómo cambia la percepción cuando es uno el paciente! Afortunadamente mi cama enfrentaba la puerta, y como ésta era de vidrio yo me distraía mirando a enfermeras y médicos haciendo sus rondas. Yo les sonreía, y más de alguno me miraba con lástima y daba vuelta la cara. Qué tontos, pensaba yo, ¿acaso no saben lo feliz que estoy? Sobre todo porque desde lejos, a través de la puerta transparente, podía reconocer a quienes venían hacia mí.

El blanco de mi habitación no duró mucho. Mis hermanos tapizaron las paredes con hermosos carteles que decían «¡Gracias por luchar por nosotros!» o «Eres nuestra ídola». Mis amigos se contagiaron con la idea y trajeron decenas de objetos de colores. Qué entretenido era cada vez que me cambiaban de posición y observaba un mensaje distinto.

Poco a poco me fui percatando de que estaba bastante más grave de lo que creía. A cada rato aparecía un dolor o una herida nueva. Descubrí que tenía varios tajos con puntos en la cabeza, otro sobre mi ojo derecho y una gran herida en mi glúteo izquierdo. Pero lo más desconcertante era la frecuente sensación de tener aún mis piernas y mis manos. A veces era tan real que levantaba las sábanas pero sólo para darme cuenta de que nada había cambiado. Después el médico me explicó que esto es normal en las amputaciones; se llama «sensación del miembro fantasma».

A pesar de todo, yo seguía feliz y tranquila porque me rodeaba gente que me entregaba mucho cariño. Mis papás, por ejemplo, siempre me acompañaban. Incluso dormían en el hospital. Cada mañana, al despertar, esperaba impaciente verlos aparecer.

Una mañana mi papá entró junto al que sería mi médico de cabecera en este proceso.

—Tú conoces al doctor Jorge Vergara, ¿cierto? Es traumatólogo y se va a encargar de ti —dijo mi padre.

No pude menos que sonreír. Por supuesto que lo conocía, él había sido el jefe del curso práctico de traumatología sólo unos meses atrás. Y para mí no fue sorpresa verlo ahí. Era el más indicado, tanto que recuerdo haber pensado en él cuando iba en la ambulancia del SAMU y pedía ser trasladada a Santiago.

El doctor Vergara me explicó cuál era su plan general y me informó que debía entrar a pabellón nuevamente para terminar la limpieza de mis extremidades iniciada en Rancagua.

Esa misma tarde fui llevada al quirófano. Me emocioné al ser trasladada y ver la cantidad de gente a la salida de la UCI. ¡Eran todos amigos! Con la cara llena de risa fui saludando a cada uno. Cuando llegué al pabellón pude ver que había muchos doctores, algunas caras conocidas y otras no. Pero iba calmada, me sabía en buenas manos y me dormí tranquilamente mientras me ponían la anestesia general.

Desperté cuando me trasladaban de vuelta a mi pieza. A mi lado, el doctor Vergara me informó que todo había salido muy bien. Luego nos explicó, a mis papás y a mí, que la limpieza había sido rigurosa.

—Encontré mucha tierra —dijo— y lo que más me extrañó fueron algunos cabellos en tu brazo izquierdo.

Claro, si fue con esa mano con la que yo había tratado de despejarme la cara durante el accidente.

De pronto me fijé en una enorme caja de cartón.

—Te la dejó Cristián, tu hermano —señaló mi papá.

Era un televisor. ¡No puedo creerlo!, pensé, debe haber gastado todos sus ahorros. Venía con una hermosa carta en la que me recordaba nuestra «promesa de mellizos». Me emocioné muchísimo y me alegré de sentirlo nuevamente tan cerca.

A pesar de lo contenta que me había puesto con la sorpresa, no me sentía nada bien. La anestesia de la operación se evaporaba y el dolor que sentía en las cuatro extremidades era insoportable. Vi la cara de preocupación de mis papás, así que bromeando les dije:

—Parece que los traumatólogos son peores que los trenes.

Los analgésicos me permitieron dormir, aunque no pasé una buena noche.

Cada vez que abría los ojos descubría colores nuevos en mi pieza. Mis hermanos pequeños, José Ignacio y Rafael, me regalaron un Piolín de peluche para que me acompañara. Después llegaron otros monos, carteles, fotos y varios objetos simpáticos.

Se suponía que yo no podía ver a nadie, pero igual siempre había alguien conmigo, ya fuera un amigo o un familiar. Incluso entró mucha gente que yo no conocía o no veía hacía mucho tiempo. Una de las visitas más emocionantes fue la de Diego; él corroboró mi historia, confirmó la existencia del agujero en el piso del tren, incluso me dijo que le habían tomado algunas fotografías. Fue muy importante oírlo.

También recibí la visita de muchos sacerdotes. Yo me sentía más cerca de Dios que nunca, porque entendía que era un milagro que yo estuviera viva. No existía explicación lógica de cómo había sobrevivido. Y estaba muy agradecida por eso.

En una de sus visitas mis compañeros me preguntaron si yo quería seguir estudiando Medicina. ¡Por supuesto que quería! La medicina siempre ha sido muy importante para mí. No tengo recuerdos de haber querido estudiar otra cosa. Cuando estaba en cuarto básico junté un par de parches curita, le pedí unas pinzas a mi mamá, puse Povidona en un frasquito, y otras tonteras más, para formar con una compañera mi propia enfermería. Todos los recreos abríamos nuestro «consultorio» y más de algún niño inventaba lesiones para ser atendido. Hasta que un día nos llegó un caso de verdad: una compañera se cayó y la rodilla le sangraba bastante. Nos vimos harto complicadas. Pero no se me quitaron las ganas de estudiar medicina, incluso mis compañeros de colegio, para bromear, me decían «doctora Quinn», por la serie de televisión. Cómo no iba a estar feliz de haber alcanzado mi sueño, aunque no sin esfuerzo: en 1999 entré a estudiar medicina en la Universidad Católica.

Junto a mis compañeros planeamos cómo sería mi vuelta a clases. Mi meta era aprovechar mi estada en el hospital para estudiar y terminar cuarto año con mi curso. Luego dedicaría el verano a mi recuperación, a ponerme las prótesis y volvería en marzo a comenzar quinto. Ahora me doy cuenta de que no tenía idea de cómo funciona el mundo de la rehabilitación, del tiempo, dedicación y trabajo que implicaría. Ilusamente yo pensaba que todo sería simple y rápido, que mi vida podía volver a ser como antes, tal como la había dejado. Pasaría bastante tiempo antes de que yo aterrizara en la realidad.

Con el pasar de los días me sentía mejor y me fueron quitando algunos de los tantos monitores y mangueras. Al principio no me estaba permitido ni siquiera tomar agua. La sed, que no era poca, me la calmaban mojándome los labios con una gasa húmeda. Yo le estrujaba hasta la última gota a ese pedazo de tela. Me alimentaban a través de una sonda nasogástrica. Por ahí yo recibía licuados ricos en nutrientes. Qué alivio cuando finalmente me retiraron esa sonda. Pude volver a tomar un vaso de agua, y lo hice con tantas ganas que llegué a atorarme. ¡Y la primera vez que comí algo! La simple jalea de frambuesa me pareció el más delicioso manjar.

El aspecto negativo de la remoción de la sonda fue que debía evitar hablar, según instrucciones del doctor Bujedo, jefe de la UCI. Fue lejos lo más difícil que me podía pedir. ¡Yo necesitaba conversar con mis visitas! Pero traté de cumplir lo que me pedía, aunque no dejé de recibir a mis amistades. Simplemente traté de comunicarme con señas.

Pero yo todavía me encontraba débil y susceptible a infecciones, por lo que cualquiera que entrara en mi pieza debía lavarse las manos. Ricardo trataba de ayudarme en todo lo que podía, así que se tomó esto muy en serio; cada vez que tocaba algo volvía a asearse. Me daba mucha risa verlo. A quien entrara le repetía la orden: a lavarse las manos antes de osar tocar a la Dani. ¡Incluso una vez se lo exigió a unos médicos!

Mi rehabilitación, consistente en sesiones de kinesiología, comenzó al día siguiente de la operación de limpieza. El objetivo era recuperar mi fuerza muscular, muy disminuida con el accidente y la inmovilidad del reposo. Por mi estado, los ejercicios eran muy livianos. Recuerdo la primera vez que me hicieron sentarme al borde de la cama. Fueron apenas unos minutos, pero creí que me desmayaría por el esfuerzo; me sentí tan cansada como si hubiese corrido una maratón. Sin embargo, la sensación de volver a ver el mundo desde una perspectiva distinta me alegró y me dio ánimo para dar de mí todo lo que pudiera para progresar.

Llegó por fin el día en que el doctor Vergara consideró que mi estado me permitía ser trasladada a otro lugar. El resto del equipo médico era de opinión de ponerme en la Unidad de Cuidados Intermedios, pero el doctor Vergara insistió que sería beneficioso tenerme donde yo pudiera estar más tranquila, cómoda y acompañada por mis padres. Así fue como llegué a una pieza en la Torre Clínica de la Universidad Católica.

LOS PRIMEROS DÍAS EN LA CLÍNICA

Mientras me trasladaban por el interior del hospital, bastante ansiosa, trataba de imaginar cómo sería la nueva pieza, el lugar donde debería permanecer hasta que me dieran de alta. ¿Tendría ventanas? ¡Ojalá que sí! ¡Y con una linda vista! Por lo menos, pensé aliviada, no estaré rodeada de máquinas, como en la UCI.

Mi impresión fue fantástica. ¡La habitación era preciosa! Por fin veía colores, muros y cortinas de un rosado suave. Se me hizo un nudo en la garganta cuando vi que al lado de la mía, una salita sería para mi mamá, para que durmiera a mi lado durante toda mi hospitalización. Este cambio me hizo sentir más sana, como si ya hubiese pasado la peor etapa.

Mis compañeros, además, acarrearon la enorme cantidad de adornos y regalos recibidos mientras estuve en la UCI. Pero no alcanzaron a tener todo listo y algunas cosas quedaron a medias, como un letrero con mi nombre en letras de colores. Sólo decía «niela». Me reí mucho y a quien entraba debía explicarle por qué faltaban las primeras letras.

—No, no es como me dicen mis amigos.

Hasta que finalmente mi amigo José Luis se compadeció y colocó las letras que faltaban.

La acuarela con flores frente a mi cama rápidamente desapareció para dejar lugar a un cuadro con fotos que siempre he tenido en mi pieza. Fue de las primeras cosas que me llevaron mis hermanos. Si tuviera que hacer una comparación, diría que mi pieza era igual a una casa en día de cumpleaños, y mi alegría, no menor. Por momentos olvidé la razón de estar ahí.

Al poco rato la nutricionista entró a preguntarme qué quería almorzar. ¿Había escuchado bien? ¡Podía comer comida normal nuevamente! Cuando llegó el pollo con arroz —me lo tuvieron que dar porque yo no podía comer sola— lo devoré. No me había percatado del hambre que tenía, ¡y de lo mucho que había extrañado un plato de comida!

Junto con esas alegrías, debo reconocer que los primeros días fueron muy difíciles. Me habían disminuido los medicamentos y la conciencia de la realidad se hacía más patente. Comencé a tomarle el peso a la gravedad de mi accidente y sus consecuencias; las limitaciones, lo que había perdido. Y finalmente, por primera vez desde el accidente, lloré. Y lloré mucho. Lloré por la pérdida de cuatro seres queridos: mi mano derecha, mi mano izquierda, mi pierna derecha y mi pierna izquierda. Los extrañaba tanto, no podía creer que ya no existieran. ¿Por qué me había pasado esto a mí? ¿Qué había hecho para merecer algo así? Lloré un día entero, hasta que ya no me quedaron lágrimas. Mi familia y Ricardo fueron muy importantes en esa etapa; siempre tuvieron palabras para alegrarme. Somos cinco hermanos y yo soy la única mujer. Cristián, mi hermano mellizo, Martín de veinte y los dos conchos, José Ignacio y Rafael, quienes, pese a tener trece y once años, siempre van a ser «los chicos». Los cuatro me grabaron un compact de música, donde me dedicaban canciones preciosas para darme ánimo y para expresarme su cariño.

Mi mamá nunca se despegó de mi lado, y Ricardo y mi papá buscaban en internet información de todo lo nuevo en prótesis, lo avanzadas que estaban y lo reales que se veían. Con todo ese respaldo me calmé y pude volver a pensar con claridad. Sequé mis lágrimas. No me iba a dar por vencida, iba a luchar y a recuperar todo lo que me habían quitado. Mucha gente me ha preguntado de dónde saqué la fuerza para seguir adelante. La verdad, no lo sé, pero de una cosa estoy segura: si yo no hubiese tenido el apoyo de la gente que jamás me dejó sola, aún estaría en esa cama de hospital.

Una de las situaciones más duras de aceptar fue la necesidad de ayuda para todo: comer, sentarme, e incluso para mis cosas más personales. Desde chica he sido muy independiente. Soy de esas típicas personas que piensa que para que algo salga bien, hay que hacerlo uno mismo. Sin embargo, la naturalidad y delicadeza de las auxiliares y enfermeras me hicieron las cosas más tolerables. El cariño y agradecimiento hacia esas maravillosas personas me facilitó aprenderme el nombre de cada una.

A los pocos días comencé a sentir una nueva y extraña sensación en mis extremidades. Era como un hormigueo, como si mis manos y pies —ahora inexistentes— se me hubiesen dormido. El doctor Vergara me comentó que estaba esperando que esto empezara porque, al igual que la «sensación del miembro fantasma», este nuevo síntoma es algo común después de una amputación. Se llama «dolor del miembro fantasma». No me preocupé; no era para nada doloroso. Pero yo ignoraba que esto era sólo el comienzo.

Cada tres días debían hacerme curaciones. Me sacaban los vendajes, me desinfectaban, y luego me colocaban otros estériles y sobre ellos, yeso, para evitar que mis extremidades se hincharan. Las primeras veces fueron muy difíciles para mí. Terminaba llorando porque no me acostumbraba a no ver mis manos ni piernas donde deberían estar. Además en el lugar de las heridas mi piel era completamente negra, como quemada. ¿Algún día podría curarse?

A ese dolor se sumó otro: tuve que abrir los ojos ante el hecho de que no iba a poder seguir estudiando medicina ese año. El doctor Vergara me hizo darme cuenta de que aquello era iluso en mi condición actual. Me decidí entonces a congelar la carrera y dedicar el siguiente año por completo a mi rehabilitación.

Otro hecho importante marcó esos primeros días. Gracias al televisor me volví a conectar con el mundo exterior. Me sorprendió verme, y que mi historia y mi accidente formaran parte de los titulares de todos los noticieros. Incluso vi a algunos amigos míos, como la Maca, dando sus testimonios. En un principio fue entretenido ver mi rostro en la tele, me sentía hasta un poco famosa. Pero al poco tiempo preferí apagarla; me hacían mucho daño algunas declaraciones tales como que yo iba en el tren curada o drogada, que era imposible que me hubiese caído por un hoyo, que probablemente había estado haciendo algo imprudente. Incluso llegué escuchar a alguien decir que me había tirado por la ventana justo en una curva y por eso había quedado bajo los rieles. Afortunadamente, poco a poco la verdad fue saliendo a la luz.

Durante todo ese primer período el doctor Vergara prefirió que yo no recibiera visitas. El descanso era fundamental para mi recuperación. Sólo me acompañaban mis familiares más cercanos.

TONELADAS DE CARIÑO

Fue increíble la cantidad de cariño que recibí todo el tiempo que estuve hospitalizada. Ni siquiera me imaginaba que se podía recibir tanto amor. Y no sólo de mi familia, amigos o conocidos, sino de gente que ni siquiera me conocía. Cada cinco minutos llegaban regalos y flores, tantas que la habitación de mi mamá parecía un jardín.

Las imágenes de santos y las medallitas fueron tapizando la pared sobre la cabecera de mi cama. Supe también de las innumerables cadenas de oración que se habían hecho por mí. Antes no entendía el verdadero poder que tiene el rezo, ahora me doy cuenta de lo fuerte que es. Cada vez que sabía que alguien más rezaba por mí, crecían mis fuerzas, sentía la energía que esa persona me mandaba y eso me daba ánimo para seguir luchando.

Pero lo que más me impresionó fueron las cartas con palabras de apoyo de personas desconocidas,

¡incluso de chilenos que viven en el extranjero! Todavía me conmuevo al recordar a esa gente que, sin obligación alguna, dedicaba un tiempo de sus vidas para enviarme un gesto de cariño. Todo lo que recibí, hasta el más mínimo objeto, permanece guardado en un baúl de mi pieza; es mi baúl de la felicidad. Cada vez que necesito fuerzas lo abro y vuelvo a sentir todo ese cariño. Y me sirve mucho, porque me doy cuenta de que tengo que seguir luchando, no sólo por mí, sino también por todas esas personas que creyeron en mí.

Tímidamente al principio, mis amigos y compañeros fueron perdiendo el miedo a las amenazas del doctor Vergara, y a los carteles «Prohibidas las visitas» que había mandado a poner. Algo muy lindo fue el regreso de varios de mis compañeros que habían competido en Temuco. Me regalaron las medallas obtenidas y me dedicaron sus triunfos. Ahí aprendí que también se puede llorar de alegría, cuando entendí el esfuerzo que ellos habían hecho por ganar y que me lo estaban entregando a mí.

A veces no cabía ni un alfiler en mi pieza, especialmente cuando venían mis compañeros de curso; tienen los mismos horarios y llegaban en choclón. ¡Qué alegría! La habitación se llenaba de risas, cantos y música. Por suerte los otros pacientes de mi piso no reclamaban.

Pero sin importar cuánta gente entrara, siempre había el doble esperando afuera. A alguien se le ocurrió dejar un cuaderno para que los que quisieran, me escribieran algo. Hoy tengo seis cuadernos rebosantes de lindos mensajes de amigos, familiares, otros pacientes y personas que me iban a ver sin conocerme. ¡Qué increíble! ¡Cómo me ayudaron!, a cada persona que escribió la sentí cerca de mí, aunque no pudiera verla. Por la noche, antes de dormirme, mi mamá me leía los mensajes y yo sentía el apoyo de esa gente. Era el momento más entretenido del día.

Todo el mundo buscaba formas de ayudarme y se complicaban si no sabían cómo hacerlo. Yo necesitaba comer bastante; con el accidente gasté mis reservas de energía. Por eso, además de las cuatro comidas debía tomar diariamente dos suplementos alimenticios parecidos a una leche espesa. Nunca he sido muy buena para comer. Si he de ser sincera, soy más bien mañosa, así que no estaba comiendo lo suficiente. Y ahí mis amigos encontraron algo concreto en qué ayudarme. Cada día me traían cosas ricas; incluso varios mostraron sus cualidades culinarias y me asombraron con las exquisiteces que preparaban y que yo comía feliz. Recuerdo que una pareja de amigos, la Helly y

Javier, hicieron calugas caseras y envolvieron cada una en papel de celofán; daba pena comérselas de lo lindas que se veían. Otro compañero, el Feña, un día me preguntó cuál era mi helado favorito.

—El de crema con trozos de galletas —le contesté.

Menos de veinticuatro horas después apareció con un pote de helado... ¡preparado por él! Diego, por su parte, me llevó un frasco de salsa de barbacoa. Para ponerles un poco de sabor a tus comidas, me dijo.

Una tarde, un grupo de amigas con las que nos juntábamos una vez al mes se trasladaron hasta mi pieza con una once completa —helados, pasteles, sándwiches calientes— para rememorar nuestras habituales «onces femeninas». Como siempre, copuchamos y nos reímos harto. Al día siguiente mis amigos me preguntaban preocupados de qué habíamos hablado. ¡Qué risa! ¿Por qué serán tan egocéntricos? Creen que son el único tema...

Otra cosa que encontraba graciosa era cuando mis compañeros, especialmente mi amigo José Luis, llegaban de visita justo a las horas de mis comidas. Le daban el bajo a todo lo que yo rechazaba y dejaban la bandeja vacía. Después la nutricionista me felicitaba: ¡Bien, Daniela, hoy consumiste más de dos mil calorías!

Entre las visitas que recibía a diario, hubo una especialmente grata. Desde Rancagua vinieron a verme Víctor y Pato, integrantes del SAMU, el equipo de rescate que me había salvado. Y, por cierto, no venían con las manos vacías: me traían de regalo una foto de ambos ante la ambulancia que me trasladó. Son recuerdos que guardo con especial cariño. Tenía tanto que decirles, tanto que agradecerles. Pero al verlos no me salieron las palabras, sólo pude llorar de emoción. Gracias a esas personas que ahora miraba entre lágrimas, yo tuve otra oportunidad de vivir, otra oportunidad para cumplir todos mis proyectos de vida. Sé que nunca voy a poder agradecerles lo suficiente, pero los abracé con toda mi fuerza.

En este período de recuperación conocí a varias personas que influyeron positivamente en mi ánimo. Entre ellos el señor Luis Winter. Él es tío de mi amigo José Luis y hace más de diez años sufrió un accidente en el cual perdió sus dos piernas. Ahora camina usando prótesis. Él me ayudó a comprobar que es posible salir adelante y tener una vida plena. También fue mi primer contacto con el mundo de las prótesis y, aunque me chocó un poco verlas, me impresionó lo mucho que el señor Winter podía hacer con ellas.

El padre Felipe Berríos fue uno de los primeros en presentarse cuando llegué a la UCI y, aunque no me conocía, nunca dejó de visitarme. Insistió en que lo tuteara y lo llamara Felipe, mientras conversábamos largamente. Jamás olvidaré algo que me dijo:

—No vayas a creer que lo que pasó es una «prueba de Dios» o algo así. Dios no le quitaría las manos y piernas a una persona sólo para probarla; son sólo cosas que pasan y nadie es culpable.

También me preguntó por qué creía que me había salvado y le conté que pensaba que había sido un milagro.

—No, tú estás viva porque tú luchaste por vivir —me respondió.

Me hizo sentir muy orgullosa de mí misma. Desde un principio Felipe fue un gran apoyo para mí y no me ha dejado de acompañar en todo el camino que he recorrido.

* * *

La molestia que el doctor Vergara llamaba «dolor del miembro fantasma» fue aumentando en intensidad. Es muy difícil explicar en qué se convirtió lo que en un principio sólo había sido un hormigueo. Era una sensación muy extraña, como unas corrientes eléctricas extremadamente dolorosas en las cuatro extremidades, como si hubiese metido los dedos en un enchufe. Otras veces sentía como si me estuviese quemando un pie o como si me clavaran agujas. El dolor era tan fuerte que no podía reprimir las lágrimas. En las noches esto se triplicaba y me impedía dormir. El doctor Vergara, el psiquiatra Jaime Santander y otros médicos probaron cuanto analgésico existe, pero no me aliviaban o me dejaban el día entero atontada.

Mi mamá comenzó a probar todo lo que le aconsejaban para tratar de aliviar mis dolores. Hasta que una de sus amigas le habló de una señora que hacía Reiki, técnica de medicina alternativa en que la persona que lo realiza se transforma en una especie de canal y transmite la energía del ambiente hacia quien lo necesite. Mi mamá y yo estábamos dispuestas a probarlo, y fue así como conocí a María Antonia.

Nunca me había cuestionado si este tipo de técnicas algo esotéricas —en las que mucha gente no cree— servían para algo. Sólo puedo hablar por mí, y debo decir que el Reiki me sirvió mucho. No me quitó los dolores pero me los alivió muchísimo.

Sin embargo, creo que lo que más me ayudó fue la entrega de María Antonia. Después de su trabajo y en vez de irse a su casa donde la esperaban su marido y sus hijos, llegaba a verme. Apagaba casi todas las luces, ponía música suave y me pedía que me relajara. Después juntaba sus manos y las acercaba a mí, sin tocarme. Las iba trasladando por mi cuerpo, concentrándose en mis extremidades. Yo sentía un calorcito calmante en donde ella ponía sus manos y, a veces, un hormigueo agradable. ¡Y cómo me servía la tranquilidad y el cariño que me transmitía! Se quedaba más de una hora conmigo, hasta verme relajada. Los dolores iban abandonando mi cuerpo y eran reemplazados por una sensación de paz.

Una vez me contó este cuento: «Érase un rey al que un anciano le regaló una caja con el consejo de sólo abrirla cuando ya no aguantara más, cuando creyera que todo estaba perdido. El rey no le dio importancia al regalo y lo olvidó. Tuvo un reinado muy bueno, de modo que nunca pensó en la caja. Tiempo después comenzó una rebelión en su reino y finalmente el monarca tuvo que huir de su propio castillo con una tropa de enemigos pisándole los talones. Se escondió en un bosque mientras escuchaba aterrado que se acercaban los caballos. Ya no podía escapar, no había nada que hacer. Lo atraparían y le darían muerte. Entonces se acordó de la caja del anciano y, pensando que nada podía ser peor que lo que estaba viviendo, decidió abrirla. Adentro sólo había un trozo de papel con la frase «Esto ya pasará». A pesar de no entender mucho, se tranquilizó. De pronto advirtió que sus perseguidores pasaban de largo. ¡Estaba salvado! Así, el rey pudo reunirse nuevamente con sus fieles súbditos, echar al rebelde y volver a su reino. Cuando iba entrando triunfal a sus dominios, entre la multitud que lo aclamaba reconoció al anciano que le había dado la caja. Se acercó al hombre para agradecerle y decirle cuan verdadera era la frase. Pero antes de que pudiera hablar, el anciano le dijo: Recuerda, esto **también** pasará.»

Cada vez que yo pensaba que el dolor me derrotaría, recordaba el cuento y pensaba «ya va a pasar».

Mientras permanecí en el tercer piso de la Torre Clínica de la Universidad Católica pude ir conociendo a quienes trabajaban allí y darme cuenta de que era gente maravillosa. Siempre pendientes de mí, preocupándose de que no me faltara nada, acompañándome en las noches en las que no podía dormir. Se las arreglaban para hacerme reír, al punto de sentir que me dolía la guata de tantas carcajadas.

Las noches se me hacían largas, me costaba dormir. Para entretenerme, Ricardo trajo un reproductor de videos. Mi pieza, abarrotada, no dejaba lugar donde ponerlo. Pero como buen maestro chasquilla, Ricardo, usando una cuerda, logró armar una especie de arnés donde colocó el equipo. Luego lo colgó del televisor que estaba sostenido del techo por un soporte. Quedó muy profesional. Muchas tardes Ricardo se quedaba conmigo y veíamos películas juntos. Cuando el altoparlante anunciaba que todas las visitas debían retirarse, mis enfermeras-amigas del piso se hacían las locas y nos dejaban terminar de ver el video. A la Maca siempre le han gustado las películas antiguas como «Lo que el viento se llevó» o la trilogía de «Sissi», y esas me trajo. La idea de Ricardo había sido genial. Incluso llegué a intercambiar videos con otra paciente, la Francesca, hospitalizada esperando que naciera su guagüita.

Mis profesores y otros médicos de la Universidad Católica desfilaban por mi pieza. Incluso me visitó el rector de la universidad, el doctor Pedro Pablo Rosso. La directiva de medicina y los jefes de los distintos cursos se comprometieron a ayudarme con mi reintegro a la carrera. Ellos, al igual que yo, creían en mí.

Y el doctor Vergara seguía en todo momento pendiente de mí. Me iba a ver diariamente después de terminar su trabajo en el hospital, no importaba lo tarde que fuera ni lo cansado que estuviera. Me encantaban sus visitas. Me hacía sentir que yo era lo más importante de su día. Además de asegurarse de mi bienestar, siempre me hacía reír con algo divertido o alguna copucha sabrosa.

Así podría llenar páginas y páginas, compartiendo las tantas muestras de cariño que me brindaron. Pero creo que basta con decir que en ningún minuto me sentí sola. Nunca me faltó alguien, conocido o no, que me diera su mano y me impulsara a seguir adelante. Y eso me mantuvo avanzando y luchando por recuperarme lo más rápido posible.

EL COMIENZO DE MI REHABILITACIÓN

Una de mis características es ser muy inquieta, continuamente estoy haciendo cosas nuevas. Y ese es uno de los tantos puntos que tenemos en común con Ricardo. Siempre estamos inventando paseos, actividades que nos unen y nos hacen reír juntos. Nos encanta andar en bicicleta por el cerro San Cristóbal, hacer rafting, escalar cerros y probar emociones fuertes como, por ejemplo, lanzarnos en benji.

Y ahora yo estaba tirada en una cama de hospital, sin la más mínima independencia. Decidí entonces hacer un compromiso conmigo misma: cada día debía aprender algo nuevo o, más bien, cada día debía reaprender, recuperar algo de lo perdido. ¡Ya, a empezar! Y como justo tenía ganas de ver televisión, mi primera meta fue usar sola el control remoto situado a un costado de mi cama. Aún tenía mis brazos y piernas enyesadas para evitar que se inflamaran, y por eso, con el brazo del grosor de un poste, me costaba llegar hasta donde estaba el control. Pero no me daría por vencida. Presioné y presioné hasta que mi yeso quedó atascado en el borde de la cama. Me dio vergüenza pedir ayuda así que traté de soltarlo sola, pero lo único que conseguí fue que el yeso permaneciera donde estaba y saliera mi brazo solo, dejando todas las curaciones estériles al aire. Tuvieron que llamar al doctor Vergara de urgencia para que me lo pusiera nuevamente. Por cierto, yo no me atrevía a decirle la verdad de lo que había pasado, ¡era tan ridículo! Así que lo único que le dije fue que se salió «misteriosamente».

Pero mi compromiso siguió en pie, de modo que cada día realizaba algo nuevo, aunque fuera muy pequeño. Esos logros me hacían sentir muy orgullosa de mí misma y me demostraban que nada es imposible si uno realmente se lo propone. Fue así como aprendí a usar el timbre para llamar a las enfermeras: lo tomaba entre mis brazos y lo apretaba con la nariz. También aprendí a ponerme protector labial, el pijama, los lentes y muchas cosas más.

Todo un hito fue conocer a Carolina Castillo, mi terapeuta ocupacional, porque con su cariño e ingenio pude alcanzar metas más altas. Cada vez que me visitaba llegaba con algún nuevo desafío. Gracias a su idea de un simple pero ingenioso arnés puesto en mi brazo, pude sujetar los cubiertos y volver a comer sola. Ese mismo arnés me sirvió para escribir. Mis primeras palabras fueron para Ricardo, que en ese minuto estaba junto a mí. Cuando se supo la noticia, todos me pedían algo, así que me pasaba el día escribiendo cartas.

Pero eso no fue todo. Carolina adaptó unas tijeras para mí e incluso intentó ayudarme de nuevo a tejer. Es uno de mis pasatiempos, me relaja y me entretiene. Me puse muy contenta al saber que quizás era posible volver a hacerlo.

Mientras tanto, mis papás averiguaban cuál sería el camino más adecuado para mi rehabilitación. Nos dimos cuenta de que lo mejor estaba fuera de Chile, pero eso implicaba separar a la familia. Decidimos entonces hacer la rehabilitación combinando períodos aquí y en el extranjero. La persona a mi cargo en Chile sería la doctora Cristina Rigo-Righi, fisiatra de mucho prestigio quien, además, tenía contactos en varios países. Hasta resolver adónde y cuándo me iría, quedé en manos del doctor Vergara y la doctora Rigo-Righi.

Continué mis terapias con la Coti, Jaime y Nelson, kinesiólogos con personalidades muy distintas pero igual de cariñosos y preocupados. Primero eran tres veces diarias y después sólo dos. Yo sentía mi progreso, por lo que me esforzaba por hacer más y mejores ejercicios. Tenía mayor movilidad, más seguridad, aunque ponía cuidado en cada movimiento; mis heridas aún dolían.

El momento más espectacular fue cuando Jaime, uno de los kinesiólogos, me ayudó a sentarme en una silla de ruedas. Sólo fue por un ratito muy corto porque la herida de mi glúteo todavía no sanaba del todo, pero me bastó para llorar de alegría. ¡Qué avance! Había traspasado los límites, me sentí invencible. Luego, cada día me sentaba por un período más largo, hasta que finalmente me dieron permiso para salir de mi pieza. Al traspasar la puerta, mis amigos de la universidad me esperaban con sonrisas de oreja a oreja. Me sentí tan contenta, tan emocionada; nuevamente comprobé su apoyo. Nos quedamos un rato conversando y después tuve que volver a mi cama.

Ya nada podía detenerme. Iba a lograr lo que me propusiera. El domingo siguiente asistí a misa con el padre Alberto Villarroel, amigo de mi abuelo paterno. Los domingos iba al hospital y celebraba la eucaristía en la recepción del tercer piso, donde yo lo esperaba en mi silla de ruedas.

Entre las muchas motivaciones que me impulsaban a seguir adelante estaba el próximo nacimiento de un bebé. La Caro, hermana de Ricardo, tenía casi nueve meses de embarazo. Somos amigas y yo incluso había asistido a sus ecografías y le había pedido autorización a su obstetra, el doctor Enrique Oyarzún, para entrar al parto. Cuando tuve mi accidente, en una de sus visitas la Caro me dijo que tendría a su guagüita en el Hospital de la Universidad Católica para que yo asistiera al parto. ¿Cómo hacerlo? Comencé a planificarlo inmediatamente. Obviamente debería ir en silla de ruedas, pero un parto dura por lo menos un par de horas y yo no aguantaba tanto rato sentada; me cansaba y además me dolía la herida del glúteo. La fecha de término de su embarazo se acercaba y yo no encontraba la solución. Tendría que resignarme a no asistir.

Pero nuevamente la suerte estuvo de mi lado. El embarazo se prolongó por dos semanas más, justo hasta el día en que yo obtuve permiso de mis doctores para entrar al parto. Estoy segura de que la guagüita esperó a que yo estuviese lista para recibirla. Y así, finalmente pude acompañar a la Caro y tener a la Anita en mis brazos, segundos después de nacida. Fue muy entretenido mientras ellas dos estuvieron en el hospital porque se quedaron en el mismo piso en el que estaba mi habitación. Todos los días nos visitábamos y llevaban a la Anita un ratito a mi pieza. Ahora soy su madrina y hemos crecido juntas, porque mientras ella estaba naciendo yo comenzaba un nuevo camino.

Cada mañana, lo primero que mi mamá hacía al entrar a mi habitación era abrir las cortinas. Juntas mirábamos el paisaje hacia el cerro Santa Lucía y a la gente que parecía estar divirtiéndose en su cima. Cada día el sol amanecía más radiante, anunciando la llegada del verano. Mientras disfrutábamos de la vista planeábamos los paseos que haríamos cuando yo saliera del hospital. Las semanas encerrada en mi pieza se me hacían pesadas, quería respirar el aire exterior, ¡incluso echaba de menos el smog de Santiago! Pero para que aquello ocurriera faltaba un buen tiempo, pensaba, por eso llegué a saltar de alegría cuando una mañana la Coti, mi kinesióloga, me dijo que me abrigara porque íbamos a dar un paseo por el patio de la universidad.

Qué extraño y delicioso fue sentir nuevamente el viento tan fresco en mi cara, poder mirar el sol y tener que entrecerrar mis ojos, sintiendo su calor en mi piel. El recorrido no fue largo y me acompañaron mis papás, Ricardo y la Ceci, mi madrina, además de la Coti. Fue tan beneficioso, me sentí tan bien, que empecé a salir lo más seguido posible, acompañada siempre por alguien. Mi compañero favorito obviamente era Ricardo. Durante los recorridos podíamos conversar tranquilos sobre lo que estaba pasando y cómo nos sentíamos. Ambos necesitábamos apoyarnos.

Con el correr de las semanas me fui sintiendo cada día mejor, las vías venosas fueron desapareciendo y fui recuperando las fuerzas. Pude hacer ejercicios nuevos, más complejos y que requerían más destreza física. Incluso aprendí a pasarme sola de la silla de ruedas a la cama: yo debía esperar sentada en mi silla mientras dos auxiliares cambiaban las sábanas. Al ver la cama tan cerca, me acordé de mi compromiso personal de aprender algo nuevo y me dije a mí misma «es ahora o nunca». Aproveché una breve distracción de las auxiliares, me sujeté en el apoyabrazos de mi silla y, sin pensarlo dos veces, me impulsé hacia la cama. Fue mucho más simple de lo que pensé y antes de darme cuenta ya estaba instalada. Asustadas, las dos auxiliares me preguntaron qué hacía. Aprendiendo a tirarme piqueros a la cama, les contesté.

Todavía tenía que someterme a varias operaciones, sobre todo la de mi glúteo izquierdo, que estaría a cargo del cirujano plástico Rodrigo Contreras. Y cada nuevo ingreso al quirófano significaba otra anestesia general y llenarme de vías venosas nuevamente. Quedar postrada otra vez, sin poder levantarme, lo sentía como un retroceso en mi rehabilitación. Entonces recordé algo que me había dicho don Luis Winter, el señor que había perdido sus piernas en un accidente: «La rehabilitación es como una escalera, algunos días vas a subir peldaños, otros días los vas a bajar. Mas eso no significa que dejas de avanzar». Después de cada operación, traté de ser más paciente y pensar en las palabras del señor Winter.

Así fueron pasando las semanas y, a pesar de las operaciones, fui sintiéndome cada vez mejor.

Hasta que finalmente, el doctor Vergara comenzó a hablar de una posible alta.

LA CUENTA REGRESIVA

Sólo habían pasado cinco semanas desde mi accidente y era increíble lo bien que me sentía y lo mucho que había avanzado. Aunque mis heridas aún no sanaban completamente, me maravillé frente al poder de curación del ser humano.

El doctor Vergara me cambiaba los vendajes periódicamente, asistido por Andrea, enfermera experta en curaciones. Gracias a ellos esas zonas negras, que parecía que nunca iban a sanar, fueron convirtiéndose en costras. Luego éstas se desprendieron y debajo apareció piel nueva, rosada, completamente sana. El médico anunció que las curaciones podían continuar haciéndose en la casa, de modo que pronto ¡me podría ir de alta! Hasta ese día las semanas se me habían pasado volando, pero el hecho de saber que en poco tiempo estaría de vuelta en mi casa con mi familia hizo que los días se me hicieran una eternidad. ¿Será hoy?, pensaba.

Al notar mi impaciencia, y como me sentía bastante bien, el doctor Vergara me dio la noticia:

—El domingo próximo almorzarás en tu casa y volverás al atardecer.

¡Ir a mi casa! La sentía tan lejana desde el accidente y pensar que en pocos días estaría otra vez ahí. De inmediato toda mi familia se puso en acción. ¿Qué quieres de almuerzo? ¿Deseas convidar a alguien más?

Fue extraño volver a usar ropa de calle. Escogí una falda larga floreada en tonos rosados y celestes con una polera de manga tres cuartos blanco invierno. Una enfermera me ordenó el pelo en una cola. Cuando mi papá pasó a buscarnos a mi mamá y a mí, ambas estábamos ansiosas y alegres.

El viaje en auto, atravesando la Plaza Italia, subiendo por Providencia y luego por Apoquindo, una ruta tantas veces hecha, ahora me pareció mágica. Ver otros autos, árboles, gente en las calles y una actividad que había olvidado me hicieron sentir viva, alegre y plena. Sí, estaba feliz de poder seguir viviendo.

Al doblar por Jorge VI, mi calle, se me hizo un nudo en el estómago. Todo parecía tan tranquilo, tan igual. Mi papá entró el auto para poder bajar la silla sin problemas. Luego me tomó en brazos y me sentó. En ese momento vi a Rafael y a José Ignacio salir de la casa, seguidos por Cristián, Martín, Ricardo, y la Paula, polola de Cristián. Todos venían sonriendo y aplaudiendo.

—¡Viva! ¡Viva, Dani! —gritó Rafael.

—Bienvenida a casa —dijo José Ignacio, tratando de hacerse el serio.

Me hicieron sentir como una Miss Universo. Y me fui rodeando de esa tranquilidad que viene sólo cuando uno está en su propia casa.

Fue lindo estar allí de nuevo, pero también difícil. Cómo habían cambiado las circunstancias... La casa se había adaptado con rampas; mi pieza fue trasladada desde el segundo piso a la habitación que antes fuera el escritorio de mi papá. En cada detalle, hasta en el más mínimo, yo adivinaba el cariño hacia mí. ¿Cómo habrían sido las cosas si mi familia no fuera tan fantástica?

Desde la entrada pude oler mi plato favorito: ¡lasaña! El almuerzo, todos otra vez reunidos, hubo puras risas y bromas, como si nada hubiese cambiado. Yo me las arreglé para comer sola super bien con el arnés ideado por la Carolina, mi terapeuta ocupacional.

Cansada por tanta emoción, dormí siesta en la cama de mis padres y descansé como no lo había hecho en mucho tiempo.

En la tarde regresé al hospital sin pena. Faltaba muy poco, quizás sólo un día, para volver definitivamente a mi casa.

A la tarde siguiente, apenas entró, le pregunté al doctor Vergara si ya podía darme el alta.

—No, lo siento —me respondió—. Habrá que operar tus extremidades nuevamente.

Me explicó que había unas pequeñas zonas en mi brazo izquierdo y pierna derecha que no estaban cicatrizando completamente bien. Así que prefería ingresarme nuevamente al pabellón para pasarles algunos nuevos puntos de sutura.

¿Por qué no me lo habían advertido? ¿O era que yo no lo había querido oír? Qué desilusión y qué angustia entrar otra vez a un quirófano, despertar adolorida en mi cama de hospital, sin poder moverme mucho. Pero no había nada que hacer.

Unos días después, algo recuperada de esta intervención, decidí aprovechar mis últimas jornadas en el hospital para llevar a cabo algo que hacía tiempo venía planificando. Una tarde, después de almorzar, llamé para que me ayudaran a vestirme con ropa de calle, a arreglarme y a pasarme a la silla de ruedas. Las aulas en las que tengo clases están en la Casa Central de la Universidad Católica, al igual que el hospital, de manera que le pedí a la auxiliar que manejaba la silla que nos dirigiéramos hacia ellas. Al llegar pude ver a muchos compañeros de curso conversando animadamente en el patio. A medida que me acercaba se fueron percatando de mi presencia y me llenaron de besos y abrazos. Nunca había recibido tanto cariño al mismo tiempo.

—¿Qué haces aquí? —preguntaron.

—Vine a clases con ustedes —les respondí.

Se pelearon por empujar mi silla, por sentarse a mi lado. Qué emoción estar nuevamente en mi sala de clases, rodeada de mis compañeros; no podía estar quieta ni callada. La concentración de todos fue nula, pero el médico que daba la clase fue muy comprensivo.

Terminada la hora volví a mi pieza, no sin antes agradecerles su apoyo a mis compañeros y reiterarles que, aunque no estuviera con ellos, siempre iban a ser «mi curso». Esa tarde nadie pudo sacarme la sonrisa de la cara.

El domingo siguiente también fui autorizada para salir del hospital y aproveché de ir a misa con el padre Felipe Berríos y darle una sorpresa. Fue tremendamente emotivo sentir de nuevo el cariño de toda la gente. Luego nos dirigimos a casa. Compartimos otro delicioso almuerzo preparado por mi mamá, charlamos y después volví al hospital.

Qué importantes fueron esas salidas; me daban fuerza y ánimo para seguir adelante.

Al cumplirse un mes y medio de hospitalización el doctor Vergara me anunció que me podía ir de alta al día siguiente. ¡Por fin! Sin embargo, mi corazón cargaba sentimientos encontrados. Por cierto, volver a casa, estar con mi familia, era lo que más quería. Además estaba muy orgullosa de mí misma, de haber superado con éxito esta primera etapa. Pero ¿sería yo capaz con lo que se me venía encima?, pensaba asustada. En cuanto a dejar el hospital, la pieza que había sido mi refugio durante seis semanas, los vínculos de cariño y amistad formados con quienes me cuidaron...

El traslado fue similar a una mudanza: tantos regalos, recuerdos, cartas. Se necesitaron tres viajes en auto.

EL TESTIMONIO DE LEONOR

En medio del horror vivido en Rancagua ese 30 de octubre, al llegar al Hospital UC sentimos un cierto alivio; era como estar en nuestra casa, ahí estudia Daniela y trabaja mi marido.

La instalaron en una pieza de la UCI Quirúrgica y nuestra angustia se centró en el momento en que despertara. ¿Cómo le diríamos lo que le había pasado? ¿Podría tal vez un psicólogo o un psiquiatra ayudarnos en ese trance? En fin, al verla aún dormida, con mi marido fuimos de carrera a casa a cambiarnos de ropa y recoger algunas cosas. Había que prepararse para una larga estada en el hospital.

Regresábamos por La Costanera hacia el hospital cuando sonó el celular. Era nuestro hijo Cristián.

—Apúrense —nos dijo—. La Dani despertó y pregunta por ustedes. Ya sabe lo que le ocurrió.

¿Cómo la encontraríamos? Sólo rogábamos que el milagro de estar viva le permitiera conformarse por sus pérdidas. Por los amigos nos habíamos ido haciendo una idea de cómo había sido la caída del tren. Sí, era un milagro que no hubiera muerto.

Entramos temerosos a su pieza, y encontramos a nuestra Daniela radiante. Nos abrazaba sin parar de repetir cuánto nos quería. Nos decía que había luchado por volver a vernos y que no quiso morir sobre la vía férrea. Ella había peleado por sobrevivir y lo había hecho sola. ¡Era una triunfadora!

Qué felicidad inmensa constatar que seguía siendo la misma niña; no había sufrido daño en sus facultades mentales. Sólo podíamos agradecer a Dios por su bondad infinita. Asimismo, a través de los doctores Jorge Vergara y Cristina Rigo-Righi, esta última fisiatra y miembro del equipo que trataría a nuestra hija, comenzamos a escuchar las palabras rehabilitación, futuro, esperanza.

La familia, amigos y compañeros de Daniela coparon los pasillos, dificultando la tarea del personal de la UCI, quienes, comprendiendo la situación, relajaron un tanto las normas. La historia del accidente y su coraje los maravillaba a todos, pero especialmente a los que lograron verla. No podían creer cuánta fortaleza, ánimo y ganas de luchar manifestaba.

Esa noche, viernes 1 de noviembre, día de Todos los Santos, se le realizó a Daniela una nueva cirugía. Los médicos trabajaron cinco horas reparando y limpiando los muñones, para que en el futuro pudieran recibir prótesis.

Al salir de pabellón Daniela se mostraba inquieta, se notaba que le molestaban los yesos y comenzó a sufrir fuertes dolores. Le administraron morfina pero desgraciadamente ésta le hizo efecto contrario y además le produjo náuseas. ¡Se nos encogía el corazón al verla padecer! Ya era bastante con todo lo que había pasado. Fue una noche terrible.

Temprano en la mañana, continuaba incómoda pero con menos dolor. Se decidió prohibir las visitas y darle otro tipo de analgésicos. Los yesos en brazos y piernas le molestaban y no encontraba una posición para dormir.

Con mi marido y mis hijos nos turnábamos para estar con Daniela y atender a las decenas de familiares y amigos que seguían llegando. ¿Cuántas veces tuvimos que repetir la historia del accidente? No lo sé. La romería era continua y nadie venía con las manos vacías: dibujos, tarjetas, peluches para mi hija. Se dijeron misas y comenzaron cadenas de oración. Nuestros celulares no paraban de sonar.

No bien disminuyó el riesgo vital, comenzó el trabajo de kinesiterapia. A su lado, y desde un principio, permanecía Ricardo Strube, su pololo. Daniela lo incorporó inmediatamente a esta nueva situación. ¿Esta prueba, afectaría su relación?

El lunes 4 de noviembre nuestra hija abandonó la UCI y fue trasladada a una pieza de la Clínica UC. ¿Cómo agradecer suficientemente al personal de la UCI? Jamás olvidaremos su amor y su paciencia.

* * *

Desde la primera noche, la noticia del accidente despertó el interés de la prensa y nuestro cuñado, el abogado José Miguel Nalda, tuvo que dar algunos datos. Tres días después, al ser sacada de la UCI, tuvimos que desviar el recorrido para evitar a los reporteros. Nuestra rabia era enorme; en un canal de televisión habíamos escuchado las declaraciones de funcionarios de Ferrocarriles (EFE): «Los estudiantes consumían alcohol y drogas y el accidente fue causado por la irresponsabilidad de ellos».

Esto causó indignación entre quienes conocen a nuestra hija. Mandaron cartas a los diarios, incluso en el colegio donde estudió, ofrecieron facilitar los informes de su conducta para contrarrestar esas infamias. ¿No se daban cuenta en ferrocarriles del nuevo daño que nos infligían?

Una tarde nos anunciaron que alguien de Ferrocarriles venía a vernos. ¿Qué podían querer los mismos que nos causaban tanto perjuicio? Mi esposo se disponía a salir y enfrentar a la persona, pero Daniela pidió recibirlo en su pieza. Ella quería estar presente.

Nicolás Flaño, en ese momento el presidente del directorio de EFE, entró la habitación. No puedo negar que la ira me consumía. Cuando nos dio la mano a mi marido y a mí, indicándole los brazos enyesados de Daniela, le dije: «Ella no puede darle la mano». Con actitud respetuosa, el señor Flaño nos hizo saber que él estaba fuera de Chile al momento del accidente, razón por la cual recién se hacía presente. Nuestra hija, mostrando gran entereza, manifestó que deseaba aclarar que no bebía alcohol ni consumía drogas. Se había caído al cruzar de un vagón a otro y eso le podía pasar a otra persona. Sólo pedía que no se repitiera. El señor, visiblemente conmovido, le respondió que le creía y que se preocuparía de que no volviera a ocurrir un accidente así. Aunque sabía de la demanda criminal interpuesta contra la Empresa de Ferrocarriles del Estado, el señor Flaño le deseó a Daniela lo mejor y le pidió disculpas, independiente de lo que pasara en los tribunales. Dos días después, y pese a que presentaba fiebre debido a una infección pulmonar, Daniela debió prestar declaración frente a funcionarios de Investigaciones y de los tribunales de Rancagua. Estaba agotada y se sentía muy mal.

Unos días después se confirmó la presencia de una bacteria de bastante cuidado. Por suerte, gracias a la diligencia del doctor Carlos Pérez, infectólogo del Hospital de la Católica, fue tratada con un antibiótico específico y la infección fue controlada.

Se restringieron las visitas y Daniela comenzó a aprender pequeños trucos, como afirmar una cuchara con un elástico. Esto nos fue abriendo un mundo hacia la rehabilitación. ¿Cuán dependiente sería Daniela? Yo estaba dispuesta a convertirme en sus manos y piernas si hacía falta.

Pronto aparecieron nuevos dolores, a ratos tan fuertes, que Daniela sacudía sus miembros. Los nervios cortados enviaban impulsos que se sentían como corrientes eléctricas. Los analgésicos no la calmaban. Me quedaba junto a ella, rezando, rogando para que pudiera descansar. ¿Cuánto más tendría que sufrir?

Nos fuimos habituando a la rutina. Sesiones con el kinesiólogo, la terapeuta ocupacional, la fisiatra y el traumatólogo. La participación del psiquiatra Jaime Santander fue fundamental en los primeros días. Junto con el doctor Vergara se preocupó de tratar el dolor y de darle alguna droga que facilitara el sueño. Todos estábamos atentos a que apareciera una depresión, de modo que el doctor Santander veía a Daniela cada quince días. Pero ella jamás llegó a deprimirse.

Mientras tanto, seguían las diligencias judiciales. Se hizo la reconstitución de la escena del accidente. La locomotora con los carros involucrados llegó mucho después de la hora fijada. Los testigos, en su mayoría estudiantes, se sorprendieron al ver una cantidad de botellas de licor. ¿Quién las había puesto allí? El espacio por donde había caído Daniela, y que había sido fotografiado por un muchacho, aparecía arreglado y tapado con una plataforma. Se pidió un estudio de peritos, quienes más tarde ratificaron que se había modificado la evidencia. Era todo tan burdo como que los carros afectados habían quedado guardados en la maestranza de Ferrocarriles. Qué distinta era la actitud de don Nicolás Flaño, Presidente del Directorio de EFE, comparada con las acciones que se desarrollaban.

Por lo menos, logró que se suspendieron los viajes a Temuco, hasta revisar su seguridad.

Comenzaba el Mes de María y le pedíamos en los rezos por la salud de nuestra hija. Quizás nos escuchó, porque pronto la sentaron en una silla de ruedas. El primer día pudo recorrer el pasillo y después salió a un pequeño patio a tomar algo de aire. Al principio era difícil soportar las miradas de la gente. ¿Cómo acostumbrarse a una apariencia tan distinta? Daniela lo resolvió dirigiendo a cada persona una gran sonrisa. La belleza de ese gesto rompía cualquier hielo.

Como consecuencia del accidente de Daniela y las investigaciones posteriores, se supo que el material usado para el transporte de los estudiantes a Temuco había sido declarado inseguro por un estudio previo. Debía haber sido dado de baja mucho antes. Se reconoció que había responsabilidad de la empresa en el accidente. Todo podría haberse evitado si se hubieran tomado las medidas correspondientes.

Dos gerentes debieron dejar sus puestos; el presidente del directorio, Nicolás Flaño, quería realizar grandes cambios. Paradojalmente, también se le pidió la renuncia a él y al resto del directorio. La persona que asumió su responsabilidad y quería llegar al fondo del asunto era removida de su cargo. Difícil de comprender.

De la Municipalidad de Santiago nos comunicaron que estudiantes universitarios de esa comuna querían homenajear a Daniela por el valor demostrado. El mismo alcalde de Santiago, Joaquín Lavín, visitó a Daniela en el hospital y le dijo que el municipio le otorgaba la Medalla al Mérito, galardón con que se distingue a personas destacadas. Daniela se emocionó y se puso muy feliz. Cuando dejara el hospital se haría la entrega oficial.

Pese a todo el apoyo y el cariño, el ánimo de Daniela era cambiante; pasaba de la pena a la alegría. Se hablaba de rehabilitación y de prótesis, pero nosotros ni ella teníamos ninguna experiencia al respecto. Lo bueno era que la cicatrización de los muñones progresaba, se iba formando nueva piel. Los doctores estaban más optimistas.

El tiempo en el hospital se hacía eterno. Al estar yo alojando al lado de nuestra hija, se resentía la organización de la casa. Los niños menores pasaban mucho solos. ¿Cuál sería el costo que la familia pagaría por esto? Queríamos volver pronto a casa y para eso se estaban realizando las modificaciones necesarias, tales como rampas para la silla de ruedas. El escritorio de mi marido se trasformó en el dormitorio de Daniela y se adaptó un baño especial.

Con todo, se venía una gran incertidumbre. El cuidado de Daniela no era fácil. Cuando la ducharon por primera vez, sujeta por dos auxiliares, ella lloró de emoción al volver a sentir el agua sobre su piel. No era lo mismo que los aseos con esponja. Pero para bañarla había que cubrir y proteger las heridas. ¿Sería yo capaz de hacer eso sola? Daniela, ya adulta, había cerrado hacía años la puerta de su privacidad, incluso a mí. ¿Cómo irrumpir en esa intimidad sin molestarla? Decidimos contratar a una auxiliar de enfermería para el primer tiempo en la casa. Sería una transición hasta adaptarnos a los cambios. El siquiatra, doctor Jaime Santander, trabajó con ella ese aspecto. No sólo había perdido sus manos y piernas, sino también su independencia.

Como una manera de ir preparando su regreso, los médicos autorizaron a Daniela a pasar un domingo en casa, con su familia. Mi marido nos recogió en el auto. Cuando habíamos recorrido algunas calles, Daniela, que había estado callada, mirando hacia fuera, exclamó: ¡Qué rico es estar viva! Esa frase, dicha desde el corazón, nos llenó de gusto. A pesar de lo sufrido, valía la pena vivir.

Nuestra segunda salida fue el 8 de diciembre, día de la Virgen. Con Daniela fuimos a misa al colegio

San Ignacio del Bosque. Oficiaba el padre Felipe Berríos, de quien Daniela se había hecho amiga. Al finalizar, el sacerdote llevó la silla de ruedas de Daniela hasta la imagen de la Virgen para rezar la clausura del Mes de María. En ese momento no pude controlar las lágrimas. Toda la emoción contenida por tanto tiempo se desbordó.

A mediados de diciembre, por fin Daniela fue dada de alta. Fue un momento de gran emotividad. Las auxiliares y enfermeras acompañaron a mi hija hasta el auto y ella les entregó a todas una carta escrita con gran esfuerzo y mucho cariño.

Así terminaba una etapa difícil. Ahora había que enfrentar el mundo real, con una Daniela distinta. Su vida sería diferente y había que aprender a salvar miles de obstáculos. No teníamos idea cómo hacerlo. El mundo de la discapacidad nos era completamente ajeno. Sólo la ayuda y experiencia de los médicos tratantes nos guiaba. ¿Podríamos superar la prueba que se avecinaba?

Una cosa estaba clara: Daniela no podía esperar años para comenzar a rehabilitarse. Con ahorros, préstamos y ayuda de amigos, comenzamos a pagar el tratamiento. Queríamos la mejor tecnología, y eso significaba ir a Estados Unidos.

Los médicos de Daniela hicieron los contactos para que la recibieran y atendieran en el Moss Rehab

Institute de Filadelfia, Estados Unidos. Aparte de las excelentes referencias del lugar, en esa ciudad teníamos amigos.

Entrar a una batalla judicial con ferrocarriles iba a ser eterno y la rehabilitación de Daniela era urgente. Teniendo en mano los presupuestos de las prótesis vimos que las cantidades de dinero que se manejaban eran exorbitantes. Por eso decidimos optar por un acuerdo extrajudicial.

Después de varios meses de conversaciones entre nuestros abogados y los de ferrocarriles, se llegó a un convenio monetario con ellos. Así pudimos saldar las deudas y pagar los préstamos. Ojalá este dinero alcance para el tratamiento de por vida que deberá recibir nuestra hija.

PREPARANDO EL PRIMER VIAJE

Llegué a mi casa a mediados de diciembre, justo a tiempo para alcanzar a celebrar el cumpleaños de mi mamá. No podía salir a comprarle un regalo así que le encargué a Martín un auricular manos libres para su celular. Ella siempre se complica cuando tiene que contestarlo, especialmente si va manejando, así que pensé que le sería útil. Ese 17 de diciembre un montón de parientes llegó a saludarla. ¡Pensar que tan sólo pocos días antes yo estaba hospitalizada!

Habíamos decidido el lugar para mi rehabilitación. Analizando todas las alternativas, se optó por un centro de mucho prestigio, Moss Rehab Institute de Filadelfia, Estados Unidos. Las ventajas de este lugar eran que mi médico tratante, el doctor Alberto Esquenazi, conocía a la doctora Rigo-Righi, mi fisiatra, por lo que la comunicación sería más fácil. Además, en esa ciudad vivía un matrimonio amigo de mis papás, quienes podrían ayudarnos a buscar un lugar donde quedarnos. Yo iría al instituto todo el día, de lunes a viernes, pero no necesitaba alojar ahí. Tendría tiempo libre, al igual que mis papás y quizás uno de mis hermanos, el que fuera con nosotros. Partiríamos en febrero, una vez que mis heridas terminaran de cicatrizar. Deberíamos permanecer en Filadelfia alrededor de seis semanas.

Me costó acostumbrarme nuevamente a mi casa, ¡cómo habían cambiado las circunstancias! Pero sin duda me sentía contenta y traté de retomar mi vida donde la había dejado. Salía harto con Ricardo, íbamos al cine, de compras, me juntaba con mis amigos. Pero no me era fácil alejarme de mi casa. Al estar en un lugar público sentía todas las miradas dirigidas a mí. Trataba de hacer como si no me importara, pero era casi imposible. Me miraban por ser distinta y eso me dolía. ¿Dejaría de afectarme alguna vez?

Yo seguía dependiendo de mi mamá para todo; la pobre estaba agotada. De modo que para aliviarle el trabajo se contrató a Julie, una auxiliar de enfermería. Era paciente y cariñosa, pero igual yo necesitaba ir recuperando poco a poco mi independencia, de modo que me esforzaba en hacer sola todo lo que pudiera. Era insólito que lo que antes me era tan fácil, como bañarme o vestirme, ahora fuese tan complicado. Pero me di cuenta de que con la práctica cada vez se hacían más manejables. Aprendí a trasladarme sola a la silla de ruedas, pero el problema era que no podía moverla, así que tenía que llamar a alguno de mis hermanos para que me llevaran a donde intentaba ir. Seguí usando el arnés inventado por Carolina Castillo para comer y escribir, y cada vez me iba haciendo más diestra.

Las muestras de cariño seguían llegando. A medida que se acercaba la navidad se acumulaban tarjetas, regalos, galletas de jengibre, tanto de amigos como de personas desconocidas. El árbol casi desaparecía detrás de los paquetes. ¡Qué lindo fue pasar la navidad junto a mi familia! El Año Nuevo fue particularmente emotivo. Celebré no sólo la llegada de 2003, sino también nuestro aniversario con Ricardo: cumplíamos tres años de pololeo. En cada aniversario yo le he regalado algo hecho por mí; me parece más valioso que algo comprado en una tienda. ¿Pero qué le podía hacer ahora? Lo estuve pensando varios días. ¡Tenía que poder! Finalmente opté por juntar algunas fotos nuestras en una hoja y escribirle una carta. No era mucho, pero Ricardo supo reconocer mi esfuerzo y se puso muy contento.

Pese a que aún no recibía indemnización alguna de Ferrocarriles, mi rehabilitación no podía esperar ni un minuto. Cada día acostada o sin moverme mucho significaba perder musculatura y fortaleza. Así que el doctor Vergara y la doctora Rigo-Righi me organizaron un horario de ejercicios. Debía ir diariamente al centro médico San Jorge, perteneciente a la Universidad Católica, y tres veces por semana al centro de la Teletón, sin contar el trabajo por mi cuenta en la casa. Yo me exigía al máximo, y aunque por lo general terminaba agotada, sabía que de mi esfuerzo dependía mi futuro. Eso me daba ánimo, como también ver cómo mejoraban mis heridas. Andrea y el doctor Vergara venían cada tres o cuatro días a hacerme curaciones.

Las noches eran la parte más dura. Mientras más cansada estuviera, más fuertes eran los dolores de las extremidades. Y como terminaba agotada todos los días, no tenía noche de descanso. La intensidad del dolor era insoportable y rompía con todas mis convicciones de salir adelante. El dolor lo nublaba todo. Volvían las mismas interrogantes sin respuestas: ¿Qué había hecho para merecer algo así? ¿Sería mi culpa? ¿Por qué ya no tenía mis manitos conmigo? ¡Y mis piernas! ¡Nunca más iba a poder bailar, saltar, ni correr! Finalmente me dormía. Y al día siguiente, ya sin dolores, volvían mis ganas de no dejarme vencer.

Todos las tardes mi mamá me iba a dejar a San Jorge. Me acompañaba Julie, y como el centro queda a sólo algunas cuadras de mi casa, nos volvíamos a pie. Mientras ella empujaba mi silla yo aprovechaba de mirar los árboles y maravillarme con su diversidad y belleza. En el centro trabajé con una kinesióloga llamada Angélica y no sólo progresé mucho con ella, sino que también nos reíamos bastante. La rutina de ejercicios seguía focalizada en mejorar mi fuerza muscular. Hacía abdominales en distintas posiciones y luego me colocaba peso en mis extremidades para que los levantara. También trabajaba con algunas máquinas de poleas y, a veces, usaba una pelota de plástico gigante. Tenía que sentarme sobre ella y mantener mi equilibrio.

—El equilibrio es muy importante si quieres poder pararte con prótesis —repetía Angélica.

Fui progresando día a día. Cada vez podía soportar pesos mayores, la rutina se me hacía más fácil y me cansaba menos.

Las sesiones en la Teletón, sin embargo, fueron difíciles. Al principio me sentí en un mundo ajeno, desconocido. Me costaba aceptar que ahora yo era parte de él. Pero pronto superé esa impresión y pude ver la inmensa belleza del lugar. Me sentí muy acogida, la gente ahí es maravillosa, cada niño tiene una linda historia y siempre hay alegría y risas. Y mi kinesiólogo, Sebastián, pese a ser un tipo muy exigente, con cariño me hizo rendir al cien por ciento. La rutina de ejercicios era muy similar a la que hacía con Angélica, pero ahí siempre estaba acompañada por algún niño muerto de ganas de conversar.

Durante un día libre, con mis papás aprovechamos de hacer una visita a Rancagua para agradecer personalmente a todos los que me ayudaron a vivir. Fuimos al hospital y también pude conocer a Ricardo Morales, la persona que me encontró en los rieles y me salvó la vida. Estuvimos en su casa con su linda familia. La emoción fue indescriptible. Tanto, que sentí que mis palabras fueron insuficientes para expresar mi gratitud hacia cada uno.

Y así, entre ejercicios y vida social, se fue acercando la fecha de nuestra partida a Filadelfia. Mis nervios aumentaban. Me había esforzado al máximo, pero ¿y si no era suficiente, si no estaba bien preparada y decidían mandarme de vuelta? ¡Yo ya quería volver a caminar!

LA LLEGADA A FILADELFIA Y A MOSS REHAB INSTITUTE

Cuando mi hermano mellizo y yo teníamos cuatro años y Martín dos, mi papá obtuvo una beca de radiología infantil en New Haven, Estados Unidos. Allí vivimos por dos años, lo que nos permitió a mis hermanos y a mí aprender inglés. De regreso en Chile, nos matricularon en un colegio bilingüe para que no perdiéramos el idioma. Gracias a eso ahora me iba a poder comunicar sin problemas con la gente del centro de rehabilitación.

También en New Haven mi papá tuvo la oportunidad de entablar una gran amistad con su jefe, Marc Keller. Ya en Chile, lo invitó a que viniera a dar conferencias de radiología infantil varias veces. Así conocimos a Cheryl, su señora, y a sus dos hijas. Ahora vivían en Filadelfia y, al saber de mi accidente y de mi terapia en Moss, insistieron en que nos quedáramos con ellos.

A fines de enero volamos a Filadelfia mi mamá, mi papá, mi hermano Martín y yo. Fue muy difícil dejar al resto de la familia en Chile, especialmente a mis dos hermanos chicos. Estaban de vacaciones y serían las primeras que pasarían separados de sus padres. Para suplir un poco la ausencia, familiares y amigos les organizaron panoramas: idas a la playa, al campo o paseos varios por el día. Martín, al no tener una polola, como Cristián, decidió venir con nosotros. Me puse muy contenta cuando lo supe.

Nunca les he tenido miedo a los aviones, pero esa vez iba muy asustada, tenía terror que me pasara algo más. Me costó harto relajarme, pero finalmente me dormí.

Aterrizamos sin problemas en Filadelfia y esperamos que bajaran todos los pasajeros antes que nosotros. Fue entonces cuando vi acercarse a una joven delgada, de melena castaña. Sonriendo me dijo en inglés:

—Hola, yo soy María Lucas y trabajo en Moss. Me he comunicado con tu papá por mail y vine a darles la bienvenida. ¿Necesitas ayuda para pasarte a esta silla de ruedas?

Aunque parecía muy simpática y sincera, no pude evitar sentir que también me estaba evaluando y volvió mi miedo a que no me encontraran lo suficientemente preparada. Así que decidí que, como fuera, me tenía que trasladar sola a esa silla. Me encaramé en el asiento, salté sobre el apoyabrazos y finalmente lo logré. Luego, guiados por María, fuimos a buscar nuestras maletas. En el trayecto me avisó que dos días después yo tenía una cita con el doctor Alberto Esquenazi, fisiatra que se iba a hacer cargo de mí.

—Aprovecharé de hacerles un tour por el Moss Rehab Institute —agregó.

Mientras hablaba fui mirando a mi alrededor. Tanta gente recogiendo sus bultos para juntarse alegremente con algún familiar. Recordé mis otros viajes, siempre con el solo objetivo de pasarlo bien. Ahora era tan distinto, mi futuro estaba de por medio.

La cantidad de información que me dio María me sobrepasó. Además, todavía tenía que pensar muy bien cada palabra; mi inglés no me salía fluido. Me costó mucho seguirle el ritmo pero, a pesar de eso, logró entusiasmarme con ese lugar del que tanto hablaba.

Finalmente recogimos nuestro equipaje, nos despedimos de María y tomamos un taxi. Cruzamos la ciudad nevada y salimos a los suburbios.

—Este es el barrio al que ustedes vienen —nos informó en inglés el taxista.

Siguiendo el mapa proporcionado por los Keller fuimos reconociendo las calles. Era un barrio precioso, de casas grandes y muy bien arregladas.

—Creo que esa es la casa —dijo el taxista apuntando hacia una loma.

Se veía muy linda sobre el pequeño cerro nevado. Su color damasco contrastaba con el blanco que la rodeaba. Me impresionó su tamaño, parecía una mansión.

Mientras bajábamos nuestras cosas, Marc y Cheryl salieron a saludar y ayudarnos. Al entrar comprobé que la casa era tan linda por dentro como por fuera. Tenía dos pisos, era muy acogedora y todo estaba decorado con muy buen gusto. Las dos hijas de los Keller ya no vivían con ellos a pesar de ser casi de mi misma edad. En Estados Unidos se acostumbra a que los hijos, cuando egresan del colegio, se vayan a vivir solos, más cerca de donde estudian.

El dormitorio de Marc y Cheryl estaba en la planta baja, de manera que todo el segundo piso era para nosotros. La pieza que yo compartiría con Martín era preciosa; de un color amarillo pastel, con una guarda en forma de enredadera pintada a mano. Mi cama parecía la de una princesa: con un marco de metal formando una hermosa figura y muchos cojines bordados en verde y blanco. La de Martín, frente a la mía, era más improvisada, pero no por eso menos cómoda. Consistía en un colchón de dos plazas con un cubrecama en patchwork. No recordaba la última vez que habíamos dormido en la misma pieza.

Ya instalados, pensé que ni el más lujoso de los hoteles podía ser tan agradable. Eso me alegró no sólo por mí sino por mis padres y por Martín. Nos encontrábamos en una ciudad desconocida, ansiosos y asustados por lo que nos esperaba. La hospitalidad y calidez de los Keller fue fundamental para aminorar nuestra angustia.

Apenas pude dormir la noche anterior a mi entrevista con el doctor Esquenazi en Moss. Mi terror era no estar en condiciones de poder usar prótesis y que me dijeran que tendría que volver en unos meses más. A la mañana siguiente nos despertamos temprano. Iríamos todos a la reunión en el auto que nos prestó Marc. El viaje se hizo eterno, pese a mi fascinación de ver las calles nevadas y a la sorpresa de pasar del calor tórrido de Santiago a temperaturas bajo cero.

Con mi papá al volante, atravesamos la ciudad hasta el hospital, emplazado en un barrio bastante distinto al de los Keller. Sucio y oscuro, con casas que a lo mejor en su tiempo fueron buenas, pero ahora se caían a pedazos. En medio de todo este caos el hospital lucía imponente. Luego supe que ese no era Moss, sino el Albert Einstein. Moss se encontraba en un costado y era bastante más pequeño.

Al llegar, mi papá le entregó las llaves al encargado de estacionar los vehículos. Entramos todos juntos. Pese a mis nervios, me sorprendió el edificio. ¿Era esto un hospital? Pintado de alegres colores y el lobby decorado con fotos o hermosos cuadros. Después supe que los hacían los pacientes del instituto. Mucha gente iba y venía, pero todos vestían ropa de calle. ¿Qué pasaba con los clásicos delantales blancos?

En la recepción dos señoras muy amablemente nos invitaron a sentarnos mientras avisaban a María Lucas nuestra llegada. Un par de minutos después aparecía sonriendo. Nos vamos a llevar bien, pensé para mis adentros.

—Tenemos tiempo. ¿Quieren conocer parte del instituto? —nos propuso.

Nos contó que se componía de cuatro pisos. El último era para pacientes amputados, así que nos dirigimos hacia allá. En los amplios ascensores entraban sin problemas varias sillas de ruedas.

El cuarto piso seguía la misma estética del resto del hospital. ¡Hasta el suelo era blanco y naranjo! María nos mostró el gimnasio para ejercicios, el comedor y otras salas de terapia. El lugar era bonito y acogedor, pero me acuerdo que me chocó ver a los pacientes. Eran mucho mayores que yo, y lo que más me impresionó fueron sus caras tristes; ninguno sonreía.

A la hora de la cita con el doctor Esquenazi, María nos llevó hasta su oficina. El médico nos esperaba en la puerta. Era un hombre de mediana edad, delgado y con grandes bigotes oscuros. No me fijé en nada más porque mi vista se clavó en su brazo izquierdo: en vez de mano el doctor tenía un gancho. Me impresionó mucho, era la primera vez que veía una prótesis así. Por otro lado, me sentí más tranquila. Este doctor me podría entender.

Para mi sorpresa, se presentó hablándonos en español. Nos contó que era mexicano pero que desde hacía muchos años vivía en Estados Unidos. Me pidió que me recostara en una camilla. Revisó mis heridas y comprobó que la cicatrización iba bien. Después midió la fuerza muscular de mis extremidades. Para qué decir cómo me esforcé en demostrar todo lo que era capaz de hacer. Luego me explicó cuáles eran las metas en este primer viaje.

Harían unas prótesis temporales para mis piernas, con las que aprendería a caminar de nuevo. Para los brazos usaría unos ganchos similares al suyo. Es el sistema más fácil de aprender, explicó. En un segundo viaje —unos meses después— me darían unas piernas permanentes, hechas de materiales más resistentes, y unas prótesis más estéticas para los brazos, con forma de manos. A medida que el doctor Esquenazi hablaba, me fui relajando. ¡Había pasado la primera prueba! No me mandarían de vuelta a Chile, todo mi esfuerzo había valido la pena.

Antes de despedirnos, el doctor Esquenazi me miró con simpatía y dijo algo que nunca he olvidado y trato de recordar cada vez que estoy triste: «Tu vida será lo que tú quieras hacer de ella».

Mientras nos acompañaba a la salida, María me fue explicando con más detalles mis actividades. Iría de lunes a viernes al hospital con un horario muy parecido al de un colegio. Mi tiempo se dividiría en lo que llamaban Terapia Física, donde me ayudarían a caminar nuevamente; Terapia Ocupacional, en la que aprendería a usar las prótesis de mis brazos; y Terapia Recreacional, que no entendí muy bien en qué consistía.

El resto del día, en la casa de los Keller, no me pude quedar tranquila; tenía demasiadas ganas de empezar a trabajar en lo que me había descrito María. Jugué un rato con Coconut, el perrito maltés de los Keller, pero mi mente estaba en otra parte. Algo productivo tengo que hacer con toda esta energía, decidí. Y mis pensamientos se fueron hacia Ricardo. Recordé que para navidad me había regalado un cuaderno.

—Para que escribas tu historia —me explicó.

Con el ajetreo anterior al viaje no había vuelto a pensar en el regalo y su petición. Sería bueno escribir lo que he vivido, no quiero olvidarlo, reflexioné. Así es que le pedí a mi mamá que me trajera mi arnés con un lápiz y las ideas comenzaron a surgir con gran fluidez. Y me largué a escribir dedicando mis primeras líneas a Ricardo.

«Mi amorcito, vengo llegando a Filadelfia y ya te echo de menos. Tú me pediste que contara mi historia, así es que aquí va:

El 30 de octubre era el día en que nos íbamos a los JIM de Temuco...».

Antes de darme cuenta ya había escrito más de tres hojas. Jamás imaginé que algún día esas páginas se convertirían en un libro.

EL INICIO DE LA TERAPIA FÍSICA

Desperté feliz. Por fin empezaba mi verdadera rehabilitación, esa que me devolvería mis manos y mis piernas. Nuevamente me acompañó toda la familia a Moss. Según mi horario, lo primero era reunirse con Matt, uno de los protesistas del instituto. Nos esperaba en una pequeña sala del primer piso, y fue agradable encontrarse con un joven sonriente, alto, de cabello claro. Él era el encargado de hacerme mis prótesis, dijo, para lo cual necesitaba tomarme moldes de yeso de mis cuatro extremidades.

—¿De qué te ríes? —preguntó mientras preparaba los elementos.

Le conté que me acordaba de un paso práctico del curso de traumatología donde debíamos ponernos un yeso ortopédico en un brazo unos a otros. Como era primera vez que hacíamos algo así, fue muy gracioso lo deformes que salían los yesos y lo extraño que se veían los brazos.

—Estos te van a quedar un poco mejor —bromeó Matt.

Luego dijo algo que me dejó asombrada.

—Tus brazos van a demorar un poco, pero en dos días tendré listas las piernas para la primera prueba.

¡Sólo dos días! Miré a mis padres y a mi hermano. No podía creerlo. En cuarenta y ocho horas recibiría mis nuevas piernas y podría empezar a practicar con ellas. La emoción me impidió hablar.

Mi horario señalaba que debía dirigirme a Terapia Física, en el cuarto piso. Otra vez con la familia García a la cola, llegué a un gimnasio enorme, mucho más grande de lo que me imaginaba. Las colchonetas no estaban a ras del suelo, sino sobre una superficie de madera justo a la altura de las sillas de ruedas. También había grandes pelotas, pesas, paralelas y máquinas que me hicieron acordarme de la Angélica, Sebastián y mis sesiones con ellos.

Observé que muchos terapeutas trabajaban con sus pacientes, y yo busqué con la mirada cuál sería el mío. ¡Era María! Qué felicidad, todo estaba resultando a la perfección.

Lo primero sería medir mi resistencia física, anunció María. Me pidió que me sentara en una colchoneta mientras ella tomaba una pelota inflable de plástico, como las de playa. Yo tenía que golpear la pelota cada vez que ella la arrojara y lanzársela de vuelta, como en el vóleibol.

—Avísame cuando te canses, ¿ya? —me dijo.

Estuvimos jugando como media hora o más y, la verdad, yo todavía no me cansaba. Pero creo que aunque lo hubiese estado no se lo habría dicho. María consideró que ya era suficiente y me felicitó por mi buen estado físico. Mentalmente agradecí al doctor Vergara y a la doctora Rigo-Righi; ellos me habían puesto en forma para esta nueva etapa. Finalmente hicimos otros ejercicios, como abdominales y levantar algunos pesos, y quedé libre para regresar a mi casa.

María me llevó al primer piso, donde esperaba mi familia. No habían querido quedarse en el gimnasio para no importunar, pero no bien subimos al auto me bombardearon de preguntas. ¿Qué tuviste que hacer? ¿Te cansaste mucho? Feliz, les contesté sus interrogantes.

Decidimos ir a celebrar con un rico almuerzo lo exitosa que había sido la mañana. Aún no nos ubicábamos bien en Filadelfia, de modo que optamos por algún lugar en el barrio de los Keller. De lo contrario, seguro que nos perderíamos.

—Cuando tengamos un tiempito conoceremos los alrededores y les prometo hartos paseos entretenidos. Ya van a ver —anunció mi papá con entusiasmo.

A unas diez cuadras de la casa de los Keller encontramos un restaurante que se veía simpático. Nos instalamos en una mesa sin dejar de hablar.

—Me parece que tomamos una buena decisión. El doctor Esquenazi es muy competente —dijo mi papá.

—Sí, y el hospital es super bonito. ¿Te fijaste que había una sala con computadores? Ahí podemos usar internet y mandar e-mails a la familia —agregó Martín.

La mesera, una mujer obesa y con cara de pocos amigos, sin molestarse en saludar prácticamente nos tiró los menús y se fue. Nosotros seguíamos conversando.

Al rato volvió a tomar nuestra orden. Cada uno pidió lo suyo excepto mi papá, que optó por el plato del día, cuyo acompañamiento podía ser una sopa o una ensalada.

—*Soup or salad?* —preguntó la mujer.

—Sí, me encantaría una «super salad» —contestó mi papá.

—*Soup or salad?!* —repitió la mesera, impaciente.

—Sí, la «super salad» está bien —reiteró mi padre.

La paciencia ni el sentido del humor eran virtudes de la asistenta. Muertos de la risa, le explicamos a mi papá que le estaba entendiendo mal.

—Ah, bueno. Debería pronunciar bien. Tráigame *salad* —dijo dirigiéndose a la camarera y zanjando el asunto.

Durante todo el almuerzo nos estuvimos burlando de él... y de la mesera, a quien le salía humito de la cabeza cada vez que nos miraba.

Dos días después madrugamos. ¡Era la fecha en que me entregarían mis piernas! ¿Cómo serían? ¿Me adaptaría a ellas?

Otra vez partimos los cuatro, la emoción era demasiada para uno solo. Subimos al cuarto piso, al gimnasio de terapia física, donde me esperaría Matt. Ahí estaba, y a su lado las prótesis que me permitirían volver a caminar. Consistían en un casquete de plástico transparente y un fierro de color rojo que terminaba en un pie también de plástico. Aunque no se las podría llamar piernas, para mí fueron las más lindas del mundo. En la pierna derecha me puso un calcetín de algodón y sobre él me calzó la prótesis. La pierna izquierda —la que había sido seccionada sobre la rodilla— llevaba también un calcetín pero este era de silicona. En su extremo distal tenía una especie de clavo que se introducía dentro del casquete de la prótesis y permitía que esta se mantuviera fija y firme.

—Llegó la hora de intentar pararse —me dijo Matt.

Miré a mis padres emocionada. Con la ayuda de Matt me deslicé de la colchoneta y, como me sentía muy inestable, mi mamá y Martín se colocaron uno a cada lado para sostenerme. ¡Estaba de pie, con ayuda, pero estaba de pie! Sólo tres meses después de mi accidente y yo estaba de pie nuevamente. Qué maravilla poder mirarlos a todos desde la misma altura y no hacia arriba. Fue como si lo hiciera por primera vez. Cuán distinto y hermoso se veía el mundo desde esa nueva perspectiva. Mi padre no soltaba su cámara fotográfica. Sin duda este era el momento más impactante desde lo ocurrido el 30 de octubre. La emoción y el orgullo eran tales, que me costó concentrarme en las preguntas de Matt.

—¿Te duele aquí? ¿Cómo la sientes acá?

—No... bien, creo.

Sólo estuve algunos minutos parada, después volví a sentarme para que me retiraran las prótesis. Matt se las llevó para hacerles algunos ajustes y me dijo que las traería de vuelta muy pronto para que yo practicara con María. Es todo por hoy, sonrió al despedirse. Creo que no se imaginó lo que significaba para mí ese «todo».

María estaba conmigo la siguiente vez que me pusieron las piernas. Las encontré más cómodas y me sentí más estable y con mejor balance. María me pasó un andador para apoyar los antebrazos, se paró detrás de mí y me dijo que intentara caminar. Mis primeros pasos fueron bastante inseguros. Me costaba acostumbrarme a la rodilla mecánica de mi pierna izquierda, pero muy pronto pude caminar más confiadamente. Incluso le dije a María que creía poder mantenerme de pie sin apoyo.

—Bueno, intentémoslo —respondió.

Y lentamente me fue soltando, pero manteniéndose muy cerca por cualquier eventualidad.

—María, ya puedes soltarme —le dije.

—¡Pero si te solté hace rato! Estás de pie por ti misma —exclamó con voz alegre.

No supe qué decir, no podía creerlo, me sentí más orgullosa que nunca de mí. Luego María probó mi equilibrio con el juego de pelota, pero ahora de pie. Logré mantenerme parada durante todo el ejercicio y María me felicitó por mi progreso. Guardó mis prótesis y me dijo que podía irme a mi casa. Pero yo no quería irme a mi casa, ¡necesitaba comunicarles a todos lo que estaba viviendo! De manera que le pedí a mi papá, quien me acompañaba ese día, que pasáramos por la sala de computadores. Mandé como veinte e-mails, todos con el mismo mensaje: ¡Volví a caminar!

Los primeros días mi familia en pleno me había acompañado a Moss. Ahora, con el horario más extenso, sólo lo hacía uno. Me encantaba ir con mi papá. Cámara en mano, me tomaba fotografías de cada cosa que iba aprendiendo. Eran tantas y tan seguidas, que puestas una después de la otra parecen la secuencia de una película.

Fue enriquecedor ir conociendo a los terapeutas y pacientes, sus problemas, sus logros, su intenso trabajo. Además, compartir con ellos era un buen modo de practicar mi inglés. En poco tiempo estuve acostumbrada y familiarizada con el lugar y las personas, de manera que mis padres y Martín me iban a dejar y me quedaba sola. Durante ese lapso ellos aprovechaban de recorrer Filadelfia.

Comenzaron las prácticas intensas con María, y a cada momento yo notaba mi progreso gracias a que me esforzaba al máximo. María era exigente, pero con cariño y firmeza me ayudaba a sacar lo mejor de mí. Así, mi tolerancia a las prótesis fue mejorando, y cada vez podía caminar distancias más largas. Incluso empecé a irme con las prótesis a la casa. Recuerdo que la primera vez que lo hice pasamos al Museo de Artes de Filadelfia. Exhibían pinturas de Degas. Yo miraba tanto a los cuadros como a las personas a mi alrededor. Pensar que no se dan cuenta de que yo no tengo piernas, reflexioné. Me encantaba pasar inadvertida nuevamente.

Cuando conseguí mayor estabilidad, comencé a caminar con un bastón y finalmente llegó el momento tan ansiado: dar unos pasos sola. No puedo describir mi felicidad. Volvía a pararme y a caminar, y todo gracias a mi propio esfuerzo y al sacrificio de tanta gente que confiaba en mí. En adelante podría ir al baño sola, trasladarme de una pieza a otra, recuperar mi independencia. ¡Qué linda era la vida! Ahora mi sueño era regresar a Chile para mostrarles a todos lo mucho que había avanzado en tan poco tiempo.

LA TERAPIA OCUPACIONAL Y LA ACEPTACIÓN

Una semana después de nuestra primera reunión, Matt me citó nuevamente a la misma salita del primer piso, donde me había tomado los moldes. Tenía listas las prótesis de mis brazos. Esperé impaciente mientras él iba a buscarlas. Yo sabía en qué consistían, pero no puedo olvidar lo chocante que fue cuando me las puso. Una cosa era ver al doctor Esquenazi con su gancho, pero otra totalmente distinta era estar **yo** con dos ganchos, en vez de las manos que estaba acostumbrada a tener. Los encontré horribles, por decir lo menos. Aguanté, lo más estoica que pude, mientras Matt hacía los últimos ajustes. Lo único que quería era que me los sacara luego; no pensaba volver a ponérmelos nunca más.

La diferencia era abismante. ¿Cómo iban a reemplazar estos ganchos a mis lindas manos? Me dolía verlos. ¿Por qué no había valorado más mis manos mientras las tuve? Sería tan feliz si pudiera tenerlas otra vez. Pero era imposible y tenía que aceptarlo.

Mis papás trataron de consolarme diciéndome que no me preocupara. Los ganchos eran lo primero, aseguraron, para acostumbrarse a usar prótesis. Luego tendría unas manos más estéticas, tal como yo las quisiera. Me quedé más tranquila, pensando que los usaría lo menos posible.

Subimos al cuarto piso a encontrarme con el terapeuta ocupacional que me enseñaría a manejar mis nuevas prótesis. Se llamaba Joe y era un hombre joven, bajo y panzoncito, con cara de simpático.

Joe me explicó que los ganchos funcionan con un cable que va desde el gancho hasta un arnés colocado en la espalda. Al tensar dicho arnés, contrayendo los músculos de la espalda y de los brazos, se tensa el cable y se abre el gancho. Al relajar, se cierra. La fuerza del agarre se regula por la cantidad de elásticos que uno va poniendo en el gancho. Es un sistema muy ingenioso y práctico.

Las primeras sesiones fueron muy frustrantes. No sólo por lo feos que eran mis ganchos, sino que además eran muy difíciles de usar y coordinar. Mi familia me daba ánimo y me decía que tuviera paciencia, pero yo me sentía como la hermana torpe de «El joven manos de tijera». Lo que más me descolocaba era no tener tacto, ¿cómo iba a apreciar las cosas si no podía sentirlas?

Fue uno de esos días cuando Joe me anunció que otra persona compartiría las sesiones conmigo. Y así fue como conocí a Linda, una señora de unos sesenta y tantos años quien, a causa de una infección, había perdido sus cuatro extremidades. A pesar de la diferencia de edad nos hicimos muy amigas y nos dábamos ánimo mutuamente. Comparábamos nuestros progresos y decepciones, conversábamos de nuestras historias. Fuimos avanzando juntas y poco a poco comencé a sentir que dominaba el manejo de mis prótesis.

Había muchas salas para terapia ocupacional, dependiendo de lo que uno quisiera practicar. En el cuarto piso se ubicaba un gran cuarto con mesas donde los pacientes debían ejercitar las tareas asignadas por los terapeutas. También había una habitación ambientada como un pequeño departamento: con un dormitorio, baño y cocina. Era para realizar los quehaceres hogareños. El primer piso también contaba con una sección destinada a terapia ocupacional, pero era principalmente para pacientes con accidentes vasculares encefálicos.

Con Joe recorrimos cada lugar, según lo que quisiéramos hacer. Gracias a su esfuerzo por enseñarme a usar las prótesis fui aprendiendo muchas cosas. Tomando el tenedor en cierta posición y ejerciendo la presión exacta con el cuchillo pude volver a comer por mi cuenta. También me ayudó a hacerle algunas adaptaciones a mi ropa para poder vestirme sola, y lo mismo a mi peineta, para peinarme sin problemas. Me enseñó que lo más fácil era bañarme sentada en una silla especial para duchas y me ayudó a encargar una para traer a Chile. ¡Finalmente estaba recuperando mi independencia!

Cuando ya llevaba unas semanas usando los ganchos me di cuenta de que mi tacto no estaba completamente perdido y eso me hizo muy feliz. Sin ni siquiera percatarme de cómo lo hice, comencé a interpretar como sensaciones táctiles los movimientos de mi brazo dentro del casquete de la prótesis. Jamás sería lo mismo que palpar algo con las manos verdaderas, pero con el tiempo me fui haciendo más hábil en las interpretaciones, lo que fue muy útil.

A medida que progresaba, Joe me fue enseñando cosas que requerían mayor destreza fina, como maquillarme sola, ponerme máscara en las pestañas y delineador alrededor de los ojos, sin quedar como mona. Un día estaba practicando tomar huevos sin romperlos para mejorar mi coordinación cuando Joe me preguntó:

—¿Cuál es tu plato favorito?

—Mmm, yo creo que la comida italiana. ¿Por qué?

—Bueno, mañana vas a preparar spaghettis. Debes traer los ingredientes necesarios —me contestó.

Al día siguiente fuimos a la salita que tenía una cocina y me instalé a preparar la salsa. Había decidido hacer una en base a vegetales, pero después de llevar más de dos horas picando tomates, cebollas, pimentones, zanahorias y otras verduras, pensé que hubiese sido más fácil abrir un humilde tarro de salsa de tomates.

Cuando ya todo estuvo picado, eché los tallarines a cocer y me puse a mezclar los ingredientes de mi salsa. Siempre me ha gustado cocinar, así que estaba radiante mientras me movía de un lado a otro. Ni siquiera me di cuenta de todo el tiempo que llevaba de pie. Finalmente estuvieron listos, y, menos mal, quedaron muy ricos. Tanto, que se corrió la noticia y tuve varios candidatos para probarlos.

Empecé a tenerles más simpatía a mis ganchos al darme cuenta de lo útiles y necesarios que eran. Me permitían hacer tantas cosas. Pero todavía me chocaba su apariencia. ¿Me atrevería a presentarme en público con ellos? Joe me escuchaba con cariño y trataba de consolarme. Sin embargo, lo más beneficioso fue una conversación con el doctor Esquenazi.

—¿Qué fue lo primero en que te fijaste cuando nos conocimos? —me preguntó.

Yo fui sincera y le dije que en su gancho.

—¿Y cuánto te demoraste en olvidarte de él?

Me puse a pensar y me di cuenta de que sólo habían sido unos segundos.

—Bueno, eso mismo te va a pasar a ti —me dijo—. Tú crees que las personas sólo se van a fijar en tus ganchos, pero la verdad es que se olvidarán inmediatamente de ellos y te van a ver a ti. Tal como te pasó conmigo.

Con el tiempo he comprobado cuánta razón tenía.

LA MOTIVADORA TERAPIA RECREACIONAL

La hora de almuerzo era a las doce del día, y los pacientes debíamos dirigirnos al comedor donde había varias mesas redondas pero sin sillas, para que se pudieran adosar las sillas de ruedas. Cuando yo ya caminaba pedí que me trajeran una silla común y corriente. Esa hora era la mejor para compartir con el resto de los pacientes, para conocerlos y escuchar sus historias. Descubrí que eran muy solidarios y estaban pendientes de celebrarse mutuamente las nuevas proezas alcanzadas.

Antes de tener las prótesis de mis brazos tenía que comer usando el arnés de la Carolina. Por eso necesitaba a algún miembro de mi familia conmigo para ayudarme a abrir los distintos envases que contenían la comida. Después, con la ayuda de Joe, pude hacer todo eso por mi cuenta.

—¡Ay, no! Otra vez un sándwich —le dije un día a mi mamá con decepción.

Cuando llegué a Moss me habían contado que una nutricionista se preocupaba de diseñar almuerzos balanceados. Pero desde el primer día sólo había recibido emparedados, con distintos rellenos y tipos de panes, pero sándwiches al fin y al cabo. El día anterior había ido a hablar personalmente con la nutricionista. Le expliqué con gran delicadeza que los almuerzos me parecían pobres en sustancias nutricias, y ella me prometió que de ahí en adelante serían más variados. Por eso fue una desilusión encontrar otra vez este trozo de pan esperándome.

—¡Quieren que vuelva rodando a Chile! —me quejé.

Me resigné a comerlo, necesitaba las energías para la cantidad de ejercicios que hacía. Terminaba mi engordador almuerzo cuando se me acercó una mujer rubia, de facciones finas y baja estatura, muy joven. Yo pensé que era una estudiante.

—Hola, me llamo Colleen y seré tu terapeuta recreacional —se presentó—. ¿Sabes en qué consiste?

Le respondí que no. Entonces me explicó que la función de esta terapia es ayudar a que las personas puedan volver a hacer lo que antes los motivaba, es decir, sus pasatiempos, deportes, diversiones. Se sentó a mi lado y comenzó a averiguar en qué me entretenía antes del accidente, cuáles actividades echaba de menos, cómo era un día normal mío, y cosas por el estilo.

La terapia recreacional se llevaba a cabo en una sala contigua al comedor. Me sorprendió lo linda que era. Estaba rodeada de ventanales que dejaban entrar la luz del día y junto a ellos crecían gomeros, ficus y algunas flores. Sus hojas brillaban gracias al cuidado de los mismos pacientes. También, al costado izquierdo, había un gran acuario con pequeños peces de colores. En una de nuestras primeras sesiones Colleen me permitió alimentarlos. Necesité mantener una gran coordinación con mis ganchos, pero lo logré y fue entretenido ver cómo los pececitos se amontonaban en torno a la comida que caía.

Una mesa de pool ocupaba gran parte del espacio. En los muros, en vez de cuadros destacaba una cantidad asombrosa de fotos. En mi primera sesión me acerqué y pude ver que correspondían a discapacitados realizando proezas. Vi a un muchacho escalando un cerro en silla de ruedas y a varios jóvenes con prótesis lanzándose con paracaídas. ¿Qué debía hacer yo para ganarme un sitio en esas paredes? ¿Podría alguna vez retomar mis paseos en bicicleta con Ricardo? Se me abrió el mundo; si otros podían, pues a mí nada me detendría.

Mi terapia recreacional era día por medio y duraba una hora. Era mi actividad favorita. Ahí me relajaba y me entretenía junto a otros pacientes. Colleen trabajaba mucho con los del segundo piso: aquellos con daño cerebral, así que me tocaba compartir mucho con ellos. En un principio fue chocante verlos y agradecí mil veces que mi mente siguiera siendo la misma después del accidente. Con el tiempo me fui acostumbrando a ellos y lo pasábamos bien. Jugábamos juegos de mesa, casi siempre «Metrópolis». Al igual que ellos, volvía a ser una niña. Para poder jugar con naipes, Colleen me prestó un trozo de madera con pequeñas ranuras donde se insertaban las cartas. Así sólo tenía que tomarlas de ahí. Mi participación en estas tareas cumplía una doble función: me entretenía y me permitía conocer mejor a los demás terapeutas y a los pacientes.

De las muchas cosas que hice con Colleen, una me emocionó más que el resto: ¡pude volver a tejer! Me lo había puesto como meta cuando tuve mi accidente, pero jamás pensé que lo lograría tan pronto. No fue fácil pues la misma Colleen no sabía tejer. Tuve que pedirle a mi mamá que le enseñara. Una vez que entendió los conceptos básicos, se puso a trabajar.

—Necesitas un aparato que reemplace la mano con la que tomas la hebra al urdir los puntos —me explicó.

Después de varios intentos finalmente logró fabricar ese dispositivo, y yo pude volver a urdir. Luego, colocando uno de los palillos entre mis piernas yo iba insertando el otro en el tejido, pasando la lana... ¡y formando hileras! No voy a negar lo difícil y cansador que era, pero lo hice. Y sentí que si era capaz de esta complicada labor, sería capaz de cualquier cosa. Lo más lindo fue recibir las felicitaciones de todas las terapeutas, no sólo de Colleen. Yo era la primera amputada bilateral de brazos que ellas veían tejer. Semejante hazaña, dijeron, había que grabarla, e hicieron un video conmigo tejiendo para mostrarlo a otras personas que quisieran intentarlo.

DE REGRESO A CHILE

Las semanas fueron pasando rápidamente. Todos los días llegaba agotada a la casa, sólo con ganas de dormir. Los fines de semana eran un tesoro. No sólo porque podía descansar, sino también porque mi papá mantuvo su promesa de organizarnos panoramas entretenidos. Ahí desaparecía mi fatiga por arte de magia. Así pude conocer mejor Filadelfia, pero con algunas limitaciones; no es fácil mover una silla de ruedas en la nieve. También organizamos algunos paseos fuera de Filadelfia, como ir a Washington o a Nueva York. Los jueves yo empezaba a contar las horas para que llegara el sábado.

Nueva York sólo queda a algunas horas de Filadelfia, así que nos quedamos allá de sábado a domingo. Me encantó la ciudad, tan llena de asiáticos, latinos, todas las nacionalidades menos estadounidenses. Pero lo que más me impresionó fue cuando se hizo de noche. Tuve que mirar el reloj para creerlo, eran tantas las luces publicitarias, los edificios, plazas, esculturas iluminados que parecía de día.

Mi papá insistió que no podíamos estar en la ciudad sin ver un musical de Broadway y pasó más de dos horas haciendo una larga fila para conseguir boletos. Finalmente compró entradas para uno llamado «Aída». Mi mamá, Martín, y yo lo cubrimos de besos por su paciencia y nos preparamos para el gran evento.

El teatro era precioso, plagado de carteles de colores promocionando el musical.

—*Tickets, please* —pidió el boletero.

Mi papá se los entregó. Pero el hombre, en vez de dejarnos pasar, con cara de angustia miraba los boletos y luego a mí en mi silla de ruedas.

—Señor, sus localidades son para el segundo piso —dijo al fin.

No nos habíamos dado cuenta. Pero bueno, tanto Martín como mi papá estaban acostumbrados a cargar mi silla por escalones. Así que le dijimos que no había problemas.

—Espere un momento, por favor —dijo y dio media vuelta.

A los pocos segundos volvió con su supervisor.

—Lo siento, pero no podemos dejarlos subir con una silla de ruedas al segundo piso. Va contra las medidas de seguridad —dijo este último.

Nos miramos con cara de pena. ¿Después de todo el esfuerzo de mi papá no podríamos ver la obra?

—Los cambiaré de lugar —agregó amablemente el supervisor.

Volvimos a sonreír mientras lo seguíamos. A esas alturas, cualquier sitio daba lo mismo. Ya casi encima del escenario, el supervisor anunció:

—Estos serán sus asientos —y apuntó hacia cuatro butacas en la primera fila—. Los tenemos reservados por si llega alguien importante.

¡Era un sueño! Nos sentamos maravillados con nuestra suerte.

—¿Ven qué bueno es salir a pasear conmigo? —dije riendo.

El musical fue espectacular. Lo gocé de principio a fin. Y desde nuestros asientos podíamos distinguir hasta las más mínimas facciones y gestos de los actores. ¡Prácticamente podíamos olerlos!

Al volver al hotel nos dormimos temprano; al día siguiente debíamos regresar a Filadelfia.

Estos paseos renovaban mis energías para empezar con ganas un nuevo día lunes. Cada vez me fui ambientando mejor en Moss. Conocía prácticamente a cada uno de los terapeutas del piso, personas muy alegres y entusiastas, quienes se comprometían al máximo con sus pacientes. También pude compartir más con el resto de los enfermos, pero Linda seguía siendo mi mejor amiga. Siempre almorzábamos juntas y nos enseñábamos mutuamente los nuevos trucos aprendidos.

Me parecía increíble cuánto había avanzado. Comparándome con la Daniela que había llegado asustada y ansiosa, yo era otra persona. ¡Qué manera de progresar! Claro que no era gratis: debía exigirme al máximo. Pero qué importancia podía tener mi cansancio; me encantaba ir a Moss y trabajar en mi rehabilitación. Claro que extrañaba Chile, al resto de mi familia, a mis amigos, y especialmente a Ricardo. No podía hablar por teléfono con ellos a cada rato, pero disponía del correo electrónico. Mandaba toneladas de e-mails contándoles las novedades. En un principio yo no podía pulsar la teclas, así que mi hermano Martín se ofreció a ser mi «escribidor». Me daba un poco de vergüenza dictarle, especialmente cuando los mensajes eran para Ricardo. Me ponía colorada cada vez que le decía que pusiera «te quiero». Pero Martín tuvo paciencia de santo y tipeaba tranquilamente todo lo que yo le pedía. Cuando tuve las prótesis de mis brazos, Colleen me ayudó a usar el computador. Al principio hasta extrañé las sesiones con Martín, me gustaba compartir esos momentos con él.

Al cumplirse cinco semanas en Filadelfia, mi papá y Martín tuvieron que regresar a Chile. José Ignacio y Rafael ya iban a entrar a clases y mi papá quería aprovechar de estar con ellos esos últimos días de vacaciones. Sólo quedamos mi mamá y yo, y nos mudamos a una casita para familiares de pacientes de Moss. Nos apenó dejar a los Keller. Sin su generosidad nuestra llegada a Filadelfia habría sido muy triste. Nunca podremos agradecerles lo suficiente. Sin embargo, el alojamiento proporcionado por Moss nos acomodaba por su cercanía al instituto. Además sería únicamente por una semana.

No tenía mucha fe en la nueva casa. Me la imaginaba vieja y sucia. Pero me equivocaba. Constaba de dos pisos. Nuestro dormitorio estaba en el primero e incluía un baño completamente adaptado para que yo me pudiera bañar sin problemas. La cocina, el comedor y una gran sala de estar eran comunes para las seis habitaciones de la casa, ocupada por otras personas. Estaba equipada en forma inteligente, todo relucía de limpieza y su decoración era acogedora.

El hecho de saber que faltaba tan poco para volver a Chile hizo que los días se me hicieran eternos. Además, extrañaba los paseos con mi papá y la compañía de Martín. Pero esos últimos días en Moss, aparte de los ejercicios recibí valiosos consejos de mis terapeutas para cuando ellos no estuvieran cerca.

El jueves de esa última semana me dirigía al comedor cuando María me detuvo. Tenía que conversar conmigo, dijo muy seria. La seguí por los pasillos algo inquieta, sobre todo cuando, en vez de enfilar hacia el gimnasio —nuestro lugar habitual de reunión—, la vi doblar hacia una de las salas de terapia ocupacional. La miré con cara de pregunta y me repitió que la siguiera. Al entrar a la habitación mi asombro fue mayúsculo: estaban ahí no solamente los terapeutas ocupacionales, sino también los de terapia física y recreacional. No faltaba ninguno. Riendo, gritaron al unísono ¡sorpresa! Era una fiesta de despedida para mí. ¡No podía creerlo! En todo el tiempo que estuve en Moss vi a muchos pacientes irse de alta, pero a nadie le organizaron despedida alguna. ¿Por qué a mí?, quise saber. Me respondieron que la razón era la felicidad que sentían ante mi progreso, ante mi forma de enfrentar mi problema y el esfuerzo que ponía por salir adelante. Nunca les había tocado un caso semejante, aseguraron. Por supuesto, me hicieron llorar de emoción. Luego fueron apareciendo unas pizzas deliciosas y más tarde recibí una tarjeta donde cada uno había escrito un mensaje con felicitaciones y palabras de apoyo. Qué gratificante fue saber que ellos apreciaban mi esfuerzo. Eso me incentivaba a seguir adelante.

Mi último día en Moss tuve reunión con el doctor Esquenazi. Él me había visto más o menos una vez por semana desde mi llegada y estaba consciente de mis progresos. Durante nuestra estada en la ciudad fue cariñoso al extremo de invitarnos un par de veces a comer a su casa, donde conocimos a Rosa, su señora, y a sus hijos, todos tan afectuosos como él. Ese día le mostré mis avances y lo miré para ver qué cara ponía. Sonreía. Dijo estar tan contento y orgulloso de mi trabajo, que como recompensa le pondrían cubiertas a mis piernas. Yo ya me había hecho la idea de irme a Chile sólo con los tubos de color con que me las habían entregado. Me habían advertido que tendría que practicar con ellas así antes de ponerles una cubierta más estética. Incluso con mi mamá ya hacíamos planes para disimular esos tubos bajo los pantalones.

Esa misma tarde, mientras ejercitaba con María en el gimnasio, llegaron de vuelta mis piernas. Me enamoré de ellas apenas las vi. Realmente parecían de verdad, nadie se daría cuenta de que usaba prótesis. Me las puse inmediatamente y me fui a mirar a un espejo. Bueno, nunca iban a ser iguales a las que había perdido, pero eran lindas.

Mientras me observaba, de pie, volví a pensar en mis adelantos. Antes de salir de Chile mi sueño era lograr pararme de nuevo, pero había conseguido mucho más: gracias a mis prótesis ya era casi independiente, comía sola, me peinaba, escribía. Era tanto lo que había recuperado. ¡Y caminaba solamente con la ayuda de un bastón y con estas piernas que casi parecían reales!

La despedida en Moss fue triste. Había sido mi hogar durante seis semanas, un hogar con personas tan cariñosas. Les di las gracias a cada uno y me comprometí a escribirles informándoles de cómo iban las cosas en Chile.

En la casita donde alojábamos mi mamá y yo, esa tarde me sentía rara. Por un lado, feliz porque al día siguiente viajábamos de vuelta a Chile; por otro, con un vacío difícil de explicar. Le había tomado cariño a Moss y a su gente. Mi mamá trataba de distraerme mientras hacía las maletas. Para ella también había sido un período fuerte.

Al día siguiente, y una vez instalada en el avión, miré por enésima vez mis nuevas prótesis. ¡Qué ganas de mostrárselas a todos! Faltaban ya pocas horas para reunirme con quienes quería, especialmente con Ricardo. Me dormí pensando en él.

OTRA VEZ EN CASA

Cuando desperté, sólo faltaban unos cuarenta minutos para que nuestro avión aterrizara en Santiago. Ya en el aeropuerto, me pareció tan extraño volver a escuchar a la gente hablando español-chileno, ese acento tan familiar. Un funcionario del aeropuerto nos ayudó a recolectar nuestras cosas y nos llevó a una sala donde nos esperaban mi papá y mi hermano José Ignacio. Me alegré mucho de verlos, pero ¿dónde estaba Ricardo? ¿Por qué no me había ido a buscar él también? No me atreví a preguntar. De pronto escuché una llave de agua y una puerta que se abría. ¡Era Ricardo! Se le había ocurrido ir al baño en el preciso momento de nuestra llegada. Al verlo acercarse le dije que quería mostrarle algo. Me afirmé en los apoyabrazos de mi silla de ruedas, me puse de pie y lo abracé.

En el camino hacia mi casa, mirando por la ventana del auto tuve la misma sensación que al llegar a Filadelfia. Hace sólo unas horas yo estaba rodeada por la nieve y ahora, en Chile, a mediodía me asaré de calor, pensé. Moss se veía como algo tan lejano.

Rafael, mi hermano menor, abrió la puerta y nos colocó a mi mamá y a mí unas coronas de cartón.

—Bienvenidas a casa. Una sorpresa las espera —nos dijo.

En efecto, el resto de la familia se afanaba en el comedor preparándonos un desayuno hecho por ellos. Alrededor de la mesa, atiborrada de cosas ricas y todos reunidos nuevamente, nos atropellamos por hablar. ¡Había tantas novedades, y tan buenas!

Las primeras semanas me las pasé en pura vida social; la familia y los amigos no perdonaron las fiestas de bienvenida. Fue muy lindo estar con todos, recibir su cariño, pero confieso que, así como me sentía orgullosa de mis progresos, también me costaba mostrarme con los ganchos. Creía que todos iban a espantarse. Entonces me repetía las palabras del doctor Esquenazi. Qué ciertas eran. Con el correr de los días se me fue haciendo más natural.

Todavía estaba agotada por mi intenso trabajo en Filadelfia, pero mi rehabilitación debía continuar. Fui a ver a mi fisiatra, la doctora Cristina Rigo-Righi, para que me dijera qué hacer.

—Es fundamental que sigas con terapia por lo menos cinco veces por semana —opinó— y lo más indicado es la Teletón.

De modo que arreglamos mi reincorporación a ese instituto.

El viaje de mi casa a la Teletón era largo, pero no hubo día en que mi mamá no me acompañara. Compraba el diario en el quiosco de la esquina y lo leía mientras esperaba que yo terminara mi sesión. El primer día yo estaba bien despierta a pesar de haber madrugado; tenía muchas ganas de ver a Sebastián, mi kinesiólogo, y mostrarle todo lo que podía hacer.

Al llegar al instituto, por primera vez me bajé caminado del auto hasta el gimnasio, donde practicaban los pacientes con sus kinesiólogos. Mi mamá abrió la puerta y yo busqué a Sebastián con la mirada. Trabajaba con un paciente en una esquina y al verme sonrió. Se acercó y me hizo caminar varias veces a lo largo del gimnasio para ver cómo lo hacía.

—¡Pero qué bien, Daniela! Te felicito —dijo alegremente.

Varios kinesiólogos también se aproximaron. Todos querían ver cómo eran mis nuevas prótesis, incluso llamaron a los protesistas del instituto para que fueran a examinarlas.

—¡Qué modernas son! —repetían.

Yo estaba impresionada por su asombro. Después de todo, esas eran sólo mis prótesis de práctica. ¿Tan grande era la diferencia entre Estados Unidos y Chile? Nuevamente agradecí tener los medios para costear mi tratamiento en el extranjero. ¿Pero, qué pasaba con los que no tenían los recursos? Qué injusta es la vida a veces.

Me gustó volver a la Teletón, ver esos muros tapizados de pinturas alegres y a los niños con sus caritas sonrientes. Retomé las sesiones con Sebastián, quien seguía igual de exigente. Empezábamos con una rutina de ejercicios similar a la que hacíamos antes del accidente y luego me llevaba a caminar por todo el instituto, a subir y bajar escaleras, y a probar superficies distintas en el patio hasta que quedaba empapada en transpiración. Pero él siempre se preocupaba, con mucho cariño, de que yo estuviera bien.

Otros días trabajaba con Claudio. Él era menos exigente que Sebastián, y nos reíamos mucho juntos. Uno de nuestros temas favoritos era la lectura.

—¿Qué libro estás leyendo? —me preguntaba.

—Uno sobre la peste negra. Super bueno.

—¿En serio? Me interesa el tema. Préstamelo cuando lo termines, ¿ya?

Fui varias semanas a la Teletón. Pude conocerlos a todos más a fondo y me hice amiga de varios niños que compartían el gimnasio conmigo. No dejaban de maravillarme su inocencia y su franqueza. Fueron tantas las veces que tuve que contestar por qué tenía ganchos en vez de manos que me entretenía inventando nuevas respuestas. Una de esas veces Claudio contestó antes de que yo pudiera hablar.

—¡Para pellizcarle la nariz a los preguntones! —dijo riendo.

El niño me miró con cara de susto; me costó convencerlo de que era una broma.

Al pasar más tiempo en el instituto pude entender en toda su magnitud la dimensión de esta gran obra, su importancia para los niños y la labor de cada persona allí. ¿Podría retribuirles alguna vez lo que hacían por mí?

Cada vez me sentía mejor conmigo misma. Los «dolores fantasma» que tanto me habían atormentado habían disminuido mucho, aunque aún persistían. Pero ya no me molestaban; su intensidad era bastante menor, al punto que el doctor Jaime Santander dijo que era de opinión de suspender los analgésicos.

Siempre me había cargado tomar los remedios; me hacían sentirme como una enferma. Qué felicidad no verlos más. ¡Otra etapa superada! ¡Otro peldaño en la escala de la rehabilitación!

PREPARANDO MI RETORNO A CLASES

Entre las innumerables actividades que me esperaban en Chile después de mi estada en Filadelfia, una fundamental era comenzar a organizar mi vuelta a la escuela de medicina. Mi idea era retomar el año justo en la fecha en que había tenido mi accidente, es decir, octubre, y terminar así aquello que había dejado pendiente el año anterior. Todavía tenía bastante tiempo —estábamos recién en abril— de modo que empecé a analizar los múltiples problemas que debería enfrentar si quería seguir como alumna regular. Problemas prácticos, académicos y de todo orden. Desde cómo movilizarme hasta la universidad, trasladarme entre sala y sala, tomar apuntes con rapidez, etc. Un día universitario normal empieza más o menos a las ocho y media de la mañana. Hasta las doce permanecemos en el Hospital de la Universidad Católica, el Hospital

Sótero del Río, la Posta Central u otro centro de salud. Allí trabajamos en grupos chicos —alrededor de cinco alumnos— con un médico como tutor. Ayudamos con el manejo de los pacientes y así vamos aprendiendo en la práctica cómo se ejerce la medicina. Luego tenemos aproximadamente una hora para almorzar, que siempre se hace corta, y corremos a las clases teóricas que se extienden hasta las cinco de la tarde. ¿Sería capaz de hacer todo eso ahora? El cuerpo docente de Medicina me reiteró su apoyo. Fue una inmensa alegría. Yo sabía que aunque hubiese cosas que no podía hacer, sería una buena doctora.

Como todavía debía pasar todas las mañanas en el instituto de la Teletón, sólo podría acudir a clases en la tarde. Pero así era mejor; aún no me sentía lista para volver a trabajar en el hospital.

La que más se alegró con mi regreso y me prometió todo su apoyo, fue la Maca, mi gran amiga. Yo sabía que tendría que cambiar de curso —me había atrasado un año— pero era difícil soltar los lazos con mis antiguos compañeros.

Un jueves llevé ropa para cambiarme en la Teletón; quería verme linda y no llegar de buzo a la universidad. Le pedí a Sebastián que me dejara salir un poco antes para llegar con tiempo. Una vez lista y arreglada, mi mamá me llevó a la Casa Central.

—Maca, ya voy llegando —le avisé por teléfono.

—¡Qué rico! Te estaremos esperando con la Paula en Marcoleta —me contestó.

Cuando me bajé del auto vi a las dos acercarse saltando de alegría. Cada una se colocó a un lado mío y no me dejaron sola ni un minuto. Fue extraño pasear por los mismos corredores de antes, ver las mismas caras familiares. Mucha gente se aproximó a saludarme, otros pasaban y me miraban extrañados. Apuesto que no se imaginaban que iba a volver, pensaba yo orgullosa.

Fui a clases con mi curso anterior y mientras la doctora pasaba su materia yo los observaba. Fue muy especial ver a mis compañeros tan concentrados tomando apuntes, sonriéndome de vez en cuando. Era como si nada hubiese cambiado.

Cuando terminó la clase me quedé un buen rato conversando con mis amigos hasta que el grupo se empezó a dispersar. Ya era hora de volver a casa. Habían sido varias horas, pero pasaron volando. No quería que terminara.

—¿Te llevo? —me ofreció Juampi.

—No, gracias, mi mamá nos viene a buscar —le contestó la Maca.

En el viaje a casa iba muy feliz, pensando en la próxima vez que iría a la universidad. ¡Ojalá pudiese ser todos los días!

Fui varias veces más a la escuela a modo de ensayo. Qué extraño almorzar donde siempre, todo igual que antes de mi accidente. Intentaba desarrollar las mismas actividades de un día normal, incluso tomaba apuntes para ver cómo andaba mi velocidad. Las cosas se dieron muy bien, incluso mejor de lo que esperaba, así es que me di cuenta de que, si me esforzaba lo suficiente, no tendría grandes dificultades. ¡Lo iba a lograr! El único problema eran las distancias que debía recorrer. Llegaba a mi destino después que el resto, y agotada. ¿Cómo hacerlo? Una opción era mi silla de ruedas, pero eso implicaba pedirle a alguien que me empujara. Perdería la independencia, algo tan importante para mí. Tenía que haber otra alternativa.

Y la encontré gracias a mi mamá. Un sábado yo leía cuando la escuché llamarme.

—¡Daniela! Tienes que ver esto.

Me esperaba en su pieza con la Revista del Sábado de El Mercurio en sus manos.

—Lee este reportaje —me pidió.

Era una entrevista a una doctora llamada Patricia Mc Donald. Nunca había escuchado hablar de ella, así que miré a mi mamá extrañada.

—Sigue leyendo —insistió.

Patricia Mc Donald era una oftalmóloga que sufría de esclerosis múltiple. Al leer deduje que se trataba de una mujer muy valiente; seguía trabajando y haciendo una vida completamente normal a pesar de su enfermedad. Como tenía problemas para caminar ocupaba un carrito con motor eléctrico llamado scooter. ¡Eso! ¡Ahí estaba la solución! Yo podía usar algo similar en la universidad. Miré a mi mamá sonriendo.

—Le pediré a tu padre que trate de ubicar a la doctora Mc Donald para preguntarle cómo consiguió el scooter —me dijo.

Una semana después habían contactado a la doctora, quien se ofreció a pasar por mi casa a conversar conmigo.

Llegó a tomar once una tarde. A los pocos minutos de conversar con ella me di cuenta de que era exactamente igual a como la había imaginado al leer el reportaje: una mujer de gran valor, de esas que no le temen a la adversidad. Pronunció otra de las frases que nunca olvidaré y que recordaré cada vez que sienta que me faltan fuerzas:

—Cuando algo no te resulte, no te amargues ni te des por vencida, piensa cómo hacerlo... ¡y hazlo!

También hablamos de los scooters y de cuánto me serviría algo así. Me dijo que Verónica Geldres, una colega y amiga suya, tenía uno que ya no usaba y quería vender. Aquí tienes su teléfono, me dijo, llámala.

Días después, mientras almorzaba con mi mamá, sonó el timbre. Nos miramos extrañadas. ¿Quién podía ser a esa hora? ¡Era la doctora Verónica Geldres que quería hablar conmigo! Me extrañó mucho. Yo aún no la había llamado por falta de tiempo. Pero la doctora Patricia Mc Donald le había comentado mi interés por adquirir un scooter y ella misma me traía el que no ocupaba. Emocionada, le agradecí su lindo gesto. Nuevamente me sorprendí de cómo siempre aparecía alguien para ayudarme, siempre había alguien listo para ofrecerme una mano cuando lo necesitaba.

Con esa pequeña maravilla ya no tendría problemas para movilizarme en la universidad. Había solucionado casi todos los problemas técnicos, pero cada vez que pensaba en mi vuelta a clases no podía evitar ponerme muy nerviosa. ¿Cómo me recibirían mis nuevos compañeros? ¿Y los profesores? Yo no quería que me trataran distinto, no deseaba una consideración especial. Pero lo que más me asustaba era mi relación con los pacientes.

¿Les molestaría que yo los atendiera? ¿Les daría susto que los examinara? ¿Tendrían confianza en mí? No, mejor era no pensar. No tenía respuestas y lo único que lograría sería estresarme. Todavía falta mucho, me decía para tranquilizarme.

OTRA VEZ A MOSS

Mi segundo viaje a Filadelfia estaba programado para fines de julio, y nuevamente debería permanecer seis semanas trabajando en Moss. Esta vez iría con mi mamá y mi papá, pero él sólo se quedaría durante la primera semana. También nos acompañarían por algún tiempo mi tía Cati, hermana de mi mamá, y mi abuelita materna. Qué bueno, pensé, así mi mamá no estará tan sola mientras yo voy a terapia.

Yo estoy de cumpleaños el 11 de agosto, de modo que este sería el primero lejos de mi familia y de mis amigos. Eso me apenaba un poco, pero eran superiores mis ganas de volver al instituto. ¡Tantas cosas me esperaban allí! Mis nuevas piernas tendrían una tecnología tan avanzada que me permitirían caminar sin bastón. Además, la estética prometía ser mejor. ¡Capaz que incluso pudiera aprender a correr! Pero mi mayor felicidad era que por fin tendría mis nuevas manos, unas manos preciosas. Nadie notaría que eran prótesis.

Al acercarse el día de partir, se repitieron las despedidas. Incluso tuve una fiesta de cumpleaños adelantado organizada por la Pamela, mi mejor amiga del colegio. La pena que sentía por dejar a la gente que quiero se compensaba con la alegría de ver de nuevo a mis amigos de Moss.

Qué asustada había estado en febrero, antes de viajar por primera vez. Ahora era tan distinto, ya sabía a lo que iba, e iba feliz. Ricardo nos acompañó hasta el aeropuerto y me despedí de él preguntándome cómo estaría yo la próxima vez que nos viéramos. Tampoco tuve temor en el avión; era increíble todo lo que había progresado desde entonces.

Mi primera sorpresa fue ver a Filadelfia sin nieve, toda verde y con un sol radiante. En mis ratos libres —si los tuviera— aprovecharía de broncearme para volver a Chile con un tono que causaría la envidia de mis amigas.

Nos instalamos en la misma casa cerca del hospital donde nos habíamos quedado la última vez. Agregamos una cama plegable en nuestra pieza para que mi papá pudiera dormir con nosotras. El jardín se veía precioso con sus arbustos verdes y con los árboles frondosos por donde subían y bajaban ardillitas. Daba mucha tranquilidad llegar a un lugar conocido.

Mi mamá ya estaba familiarizada con el barrio. Sabía dónde quedaba el supermercado más cercano y cuáles eran los platos de comida más ricos y fáciles de preparar. La cocina de la casa la sentía como suya y siempre me esperaba con algo delicioso.

Éramos prácticamente los únicos alojando allí. La pareja con la que compartíamos la casa salía mucho, así que nos sentíamos dueños del territorio. Como el tiempo era tan agradable nos íbamos caminando al hospital, a sólo una cuadra. Y en las noches disfrutábamos de alguna película en nuestra pieza. También, durante la estada de mi papá, aprovechamos de salir a comer afuera y pasear un poco.

Fue increíble reencontrarse con el doctor Esquenazi, con María, con Colleen, Joe y el resto de la gente de Moss. Al verlos otra vez me di cuenta del gran cariño que sentía hacia ellos, y que sin duda era recíproco.

Los especialistas se pusieron a trabajar de inmediato en mis nuevas prótesis. Frank, el encargado de fabricar mis manos, era un hombre ya mayor, descendiente de italianos (hablaba igual que los capos de la mafia). Otro protesista muy simpático llamado Howard, a quien había conocido en el viaje anterior, sería quien se encargaría de mis piernas.

A los pocos días me sentí como si nunca me hubiese ido. Con María nos concentramos en el fortalecimiento de la musculatura de mis piernas; era la única manera de poder caminar sin bastón. Y con Joe comencé a practicar cómo dominar las nuevas prótesis de los brazos, llamadas mioeléctricas.

—¿Cómo funcionan? —le pregunté intrigada.

—Bueno, tú has estudiado anatomía, ¿cierto? —me dijo.

—Sí, algo.

—Entonces sabrás que el antebrazo tiene dos caras: una anterior y otra posterior. Y que en la cara anterior están los músculos que permiten que la mano se cierre y en la posterior aquellos para abrirla.

Asentí.

—Las manos mioeléctricas tienen dos electrodos que captan la contracción muscular. Cada uno en una cara del antebrazo. Así, cuando tú contraigas los músculos de la cara anterior de tu antebrazo, el electrodo lo sensará y la mano se cerrará. Cuando contraigas los de la cara posterior la mano se abrirá —me explicó—. ¿Comprendes?

Le respondí que sí. Era sofisticado, pero simple. Pasamos muchas sesiones trabajando. Joe tenía una máquina con una pantalla y dos electrodos. Me ponía uno en cada cara del antebrazo y cada vez que yo contraía los músculos unas agujas se movían en la pantalla.

—Quiero que aprendas a contraer por separado los músculos de cada cara del antebrazo. Cada aguja en el monitor pertenece a uno de los electrodos. Cuando actives un electrodo la otra aguja no debe moverse.

Al principio me parecía imposible. Las dos agujas parecían tener vida propia. Pero con paciencia los comencé a dominar, y pude distinguir claramente cómo activar cada electrodo por separado. Me sentía contenta.

Pero mi felicidad se fue nublando. En pocos días, con desazón me di cuenta de que nada salía según los planes. A pesar del gran esfuerzo de Howard y de Frank, las prótesis nuevas no me quedaban cómodas y me hacían sufrir. La pierna izquierda me dolía al cargar el peso de mi cuerpo en ella; la derecha no me permitía soportar la prótesis por más de media hora. Era una tortura. El sistema para afirmar las manos mioeléctricas a mis brazos consistía en ejercer presión con el casquete sobre mi codo.

Así, las prótesis quedaban suspendidas. Pero algo no estaba funcionando bien; cada vez que intentaba usarlas para practicar me producían múltiples moretones en mis brazos, justo en el lugar donde debían sostenerse las prótesis.

Las semanas pasaban sin que se vislumbraran avances. Hasta tuve que suspender mis prácticas con María de caminar sin bastón. El dolor en mi pierna izquierda se acentuaba cada vez que la apoyaba. El doctor Esquenazi me explicó la razón: como la amputación de mi pierna había sido traumática e imprevista, en el momento de operarme se preocuparon de salvar la mayor cantidad de pierna posible, como debía ser, y el extremo inferior de mi fémur no quedó bien fijado con músculos, como se hace en una cirugía programada. Esto hacía que con cada paso el extremo del fémur se moviera y chocara contra la pared de la prótesis, provocando ese dolor insoportable.

—La única solución es que algún día vuelvas a operarte para fijar ese fémur —sentenció el doctor Esquenazi.

Hasta entonces tendría que seguir usando el bastón si quería evitar el dolor.

Cuando por fin Frank me entregó mis manos mioeléctricas, sólo me dieron ganas de llorar. No eran ni parecidas a lo que yo había esperado. Las encontré horribles, anchas, demasiado largas y falsas. Pero hoy, mirando la situación a la distancia, nada habría llenado mis expectativas. Yo había fantaseado con algo idéntico a las manos que había perdido y obviamente eso era imposible. Tantas esperanzas puestas en esas manos, las que, para colmo, todavía me dejaban llena de moretones si las usaba por un período demasiado largo.

Eran tantos mis planes, todavía me quedaban muchas metas que alcanzar. Pero nada se estaba cumpliendo. Estaba estancada. ¿A qué más podía aspirar si lo que me daban era lo mejor que había? ¡Y yo quería tanto más! La vida no es justa. ¿Por qué había dejado que mis sueños volaran tan alto? La caída dolía mucho. ¿Acaso tendría que olvidarme de todo y conformarme con lo que ya había logrado? Me sentí chocar contra un techo que no podría atravesar. Así que estos son mis límites, pensé con desilusión y tristeza, mucha tristeza.

EL ARCO IRIS DESPUÉS DE LA LLUVIA

Pasé unos días muy grises, quizás los más grises desde mi accidente. Había llegado al tope de lo que podía aspirar para mí. Hasta que un día, tirada en mi cama, comencé a rememorar cada minuto de mi vida en los últimos nueve meses. Recordé cómo mucha gente pensó que yo nunca iba a volver a caminar... pero yo ya estaba caminando. Recordé que me habían dicho que probablemente iba a necesitar a alguien que cuidara siempre de mí... y ya era completamente independiente. ¡Incluso había vuelto a tejer! Si había logrado cosas que parecían imposibles, ¿por qué ahora yo misma me estaba poniendo límites? No. Nunca más me iba a sentir así. Si alguna limitación había de tener, iba a ser mi cuerpo el que me la pusiera, no mi cabeza. Me senté en la cama, sacudí mis nubarrones mentales y decidí que no me iba a rendir, iba a seguir luchando. Tomé conciencia de que la rehabilitación es un camino muy largo, que posiblemente no termina nunca, y en el cual la paciencia y la perseverancia son claves. Si las cosas no resultan a la primera, hay que tratar una segunda vez, una tercera, o las que sean necesarias.

Desde ese día me resigné a que no todo resultase tal como yo lo deseaba. Fui mucho más paciente y tomé la determinación de darme el tiempo requerido para alcanzar mis metas. Decidí concentrar mis energías en otras cosas, como conocer Filadelfia. Ahora, sin nieve, era mucho más fácil recorrer la ciudad y visitar los lugares turísticos. Mi mamá y yo aprovechamos de pasear harto, tanto solas como con mi abuelita o la Cati. También traté de disfrutar de otras ventajas que me ofrecía Moss, como la terapia recreacional.

Colleen, mi terapeuta, me preguntó qué me gustaría lograr en este viaje. Le conté que antes del accidente uno de mis pasatiempos era andar en bicicleta con Ricardo.

—¿Quieres intentarlo? —me ofreció, advirtiéndome que no sería fácil.

Yo estaba dispuesta a intentar eso y más. Hasta donde me dieran las fuerzas.

Al día siguiente, un sol esplendoroso pareció ser un signo de buena fortuna. Al entrar en la sala de terapia recreacional vi que Colleen me estaba esperando. Y en sus manos sostenía una bicicleta.

—Es de una colega. La prestó para que tú pudieses practicar —me contó.

Al verla, muchos recuerdos volvieron a mi cabeza. «Daniela, si llegas a la cima el premio es un vaso de mote con huesillos», solía decirme Ricardo. Una simple bicicleta no me vencería.

—Lo primero que tenemos que hacer es practicar subirte sola —opinó Colleen.

Tratamos distintas formas la mañana completa, pero ninguna dio resultado. Incluso intenté encaramándome primero a un par de escalones para tener más altura, pero tampoco. El cansancio me hizo parar, pero no desistir. Paciencia y perseverancia, me repetí, y le dije a Colleen que no importaba porque seguiríamos ensayándolo mañana. Por la tarde me entretuve ideando mil formas de treparme a la bicicleta, hasta que, de pronto, lo supe. ¡Claro, cómo no se me había ocurrido! La solución era tan sencilla: dejar la bicicleta recostada en el suelo, pasar una de mis piernas sobre ella y luego tomar el manubrio y levantarla. Qué impaciencia por ver si funcionaba.

Llegué a Moss ansiosa por contarle mi estrategia a Colleen, quien la celebró pero me previno que debía mantener un muy buen equilibrio para evitar un porrazo. De todas maneras, ella estaría a mi lado por cualquier eventualidad. Coloqué la bicicleta en el suelo, puse una pierna a cada lado y lentamente comencé a levantarla. ¡Y resultó! ¡Estaba sobre la bicicleta! Ahora... ¡a pedalear! Colleen se colocó a un lado mío y otra terapeuta al otro y me iban afirmando mientras yo intentaba subir mis pies a los pedales. Practicamos por los pasillos del cuarto piso, a la vista de personas que me aplaudían o me miraban extrañadas; no debe haber sido muy común ver a alguien en bicicleta por los pasillos de un hospital.

Después de un rato surgió un nuevo inconveniente: mis talones chocaban contra las ruedas y me hacían perder estabilidad.

—No te preocupes, lo solucionaremos —dijo Colleen, admirada de que al menos hubiese logrado el primer paso—. Para mañana te tendré alguna solución.

En efecto, Colleen inventó ponerle a los pedales una especie de tope de plástico para impedir que mis talones se fueran hacia adentro. Seguro que funcionará, pensé.

—Hoy saldremos al aire libre. Tendremos más espacio y me evitaré los retos de ayer. A algunos les molestó nuestra aventura por los pasillos —dijo riendo.

Moss no tenía un lugar externo apropiado para practicar, así que cruzamos la calle hacia el estacionamiento donde los terapeutas dejaban sus autos. Ahí había un trecho largo y plano, perfecto para nuestros propósitos.

Colleen me hizo ponerme un casco de protección. Me subí a la bicicleta tal como había aprendido, puse mi pie izquierdo en el pedal y pensé «es ahora o nunca». Alcé mi pie derecho al pedal correspondiente y con un impulso comencé a avanzar. ¡Estaba pedaleando, estaba andando en bicicleta! Con el viento en mi rostro sentí como si volara, lo había logrado. Radiante de felicidad, comprobé una vez más que con fe en uno mismo se puede hacer realidad aquello que parece imposible. ¿Alguien creería que una persona con cuatro prótesis podía andar en bicicleta? Ahí estaba yo demostrando que sí era posible. Colleen, tan contenta como yo, corrió en busca de alguien que grabara mi hazaña. Sería un testimonio gráfico para los pacientes escépticos o poco empeñosos. ¡Yo quería llegar a Chile a mostrarle esto a Ricardo! Sólo pensar en su felicidad y orgullo me hacía sonreír.

No fue sólo aquello lo que pude hacer durante mi segunda estada en Moss. Algo que me puso muy contenta fue saber, a través de María, que el instituto contaba con una escuela de conducir donde podían evaluar si yo estaba apta para manejar un auto. Antes del accidente yo lo hacía, aunque muy poco. Cerca de la Universidad Católica es difícil encontrar estacionamiento, de modo que me era mucho más conveniente el transporte público. Y los fines de semana casi siempre era Ricardo quien manejaba. Pero ahora las cosas habían cambiado: me sería muy complicado subirme a un bus o al metro y tampoco quería depender de otros para movilizarme. Conducir me era imprescindible, así que le pedí a María que me reservara una hora para la evaluación, y así lo hizo.

La escuela de manejo quedaba a unas quince cuadras del hospital, de manera que María ofreció llevarme en su jeep. Mientras nos acercábamos yo trataba de recordar cómo se manejaba. Había pasado casi un año desde la última vez que lo hice. Bueno, si pude andar en bicicleta, ¿por qué no voy a poder conducir un auto?, pensé para darme confianza.

En una oficina del segundo piso nos esperaba Dan, mi «evaluador», un hombre delgado, rubio y con bigotes. María me dejó con él y se fue. Te recojo en una hora, me dijo sonriendo. Como ya me conocía bien, seguramente notó mi nerviosismo. Sabía que para mí era trascendental que me encontraran capacitada para manejar.

Dan me llevó a una salita donde me hizo algunas preguntas sobre mis antecedentes automotrices y sobre las leyes de tránsito chilenas. Luego me ordenó sentarme en una silla con unos pedales que debía apretar cada vez que se prendiera la luz roja. Mis reflejos eran buenos, dijo. Eso significaba que estábamos listos para salir a practicar en un auto de verdad.

En el estacionamiento Dan me fue mostrando los distintos modelos de autos y las adaptaciones que creía me podrían servir a mí.

—Me gustaría uno con las menos adaptaciones posibles —le pedí.

—Está bien. Todos los jóvenes solicitan lo mismo —dijo riéndose.

Escogimos un auto y nos subimos, yo en el puesto del piloto. Me sentí extraña frente al volante, pero al dar el contacto y cuando el auto comenzó a moverse fui recordándolo todo. Sólo dimos una vuelta por el estacionamiento.

—No podemos salir a las calles sin tu licencia de conducir —me explicó Dan.

Y aunque el paseo fue breve, me sentí muy cómoda y con la impresión de haberlo hecho bien.

¿Qué pensaría Dan? No pude evitar preguntarle en cuanto paró el motor.

—¡Por supuesto que vas a poder manejar! En tu próximo viaje traes tu licencia y practicamos un poco en las calles; no vas a tener ningún problema —respondió muy seguro.

¡Bravo! Había dado un nuevo paso hacia la independencia.

El día de mi cumpleaños número veintitrés desperté desanimada. Estaba acostumbrada a levantarme entre cantos y felicitaciones de mis papás y hermanos. Y luego, al llegar al colegio o a la universidad me esperaban los saludos de mis amigos. Pero ahora prometía ser muy aburrido, lejos de Chile, de mis amigos, de Ricardo. ¡Qué equivocada estaba! Muy temprano sonó el teléfono y escuché un ¡Cumpleaños Feliz! a coro: eran mis compañeros de la universidad que llamaban para felicitarme. Hablar con ellos me devolvió la alegría. Luego el teléfono sonó una, dos, decenas de veces. Nunca había estado tan saludada.

Desde la tarde anterior, mi abuelita, que nos estaba acompañando por algunas semanas, se afanaba en la preparación de una rica torta de mil hojas. Antes de ir a desayunar abrió su maleta y comenzó a sacar una cantidad increíble de paquetes.

—Te los manda tu familia —me explicó.

Más de la mitad de la maleta eran obsequios. Todos habían querido enviarme algo para que yo supiera que se acordaban de mí. Me entretuve probándome las distintas tenidas y puse inmediatamente el compact de música mandado por mis hermanos.

—Toma, esta tarjeta te va a gustar —me dijo pasándome un gran sobre.

Lo abrí con cuidado y me puse a leer... era de Ricardo. Mi sonrisa fue inmediata. Me decía que me echaba de menos y me daba ánimo para continuar adelante.

Al llegar a Moss, todos me abrazaron y también había algunos regalos esperándome. A la hora de almuerzo mi abuelita llevó la torta de mil hojas para compartirla con todos. Para los gringos era una novedad eso de láminas de masa crujiente separadas por manjar, delicia que pocos conocían. Se agolparon a pedirle la receta a mi abuelita.

En uno de mis ratos libres, entre terapia y terapia, fui a revisar mi correo electrónico. Había colapsado; los mensajes con felicitaciones de familiares y amigos eran cientos. ¡Todos se habían acordado de mí! Al final del día decidí que había sido el mejor cumpleaños de toda mi vida.

Nuevamente las cosas lindas que me ocurrían me hacían estar segura de que siempre hay algo bueno que nos hace ser felices. Me acordé de una frase que escuché alguna vez en el colegio: «No llores por no poder ver el sol, porque las lágrimas no te dejarán ver las estrellas.»

OTRO VIAJE TERMINA

El doctor Esquenazi había estado cerca de dos semanas fuera de Filadelfia, en un congreso. Cuando regresó, a fines de agosto, se encontró con que nada de lo planeado estaba resultando: las prótesis de mis piernas aún no estaban listas y las de las manos seguían doliéndome.

—Daniela, tendremos que prolongar tu estada por una semana para resolver estos problemas. No puedes volver a Chile así. ¿Te importa mucho? —me preguntó.

Le dije que no. Ya lo venía sospechando hacía días.

Mi mamá, mi abuelita, y yo salimos cansadas de esa reunión, pero resignadas. Volvimos caminando a la casa.

—Estoy agotada —anunció mi abuelita—. Me voy a poner pijama altiro, total, no vamos a salir de nuevo.

—Está bien, yo voy a preparar la comida —respondió mi mamá.

—Y yo me voy a quedar leyendo en mi pieza —agregué.

Estaba absorta en mi lectura cuando escuché un ruido ensordecedor. Era una alarma y la casa se llenó de luces blancas y rojas. ¿Qué ocurría? Me paré asustada y fui hacia la cocina, donde encontré a mi mamá y a mi abuelita desesperadas tratando de apretar una palanca que decía «FIRE».

—¿Qué pasó? —pregunté a gritos, tratando de hacerme escuchar por sobre los ruidos de la alarma.

—Nada, Dani, una tontera —respondió mi mamá—. ¡Mira, mamá! Allá hay otra palanca, vamos a apretarla también.

—¿Pero qué es esa alarma? ¿Por qué no se calla? —volví a preguntar.

—Ay, lo que pasa es que estaba preparando unos bistecs y luego de sacarlos de la sartén le eché un chorro de agua para lavarla. Como todavía estaba caliente se formó vapor y se activó la alarma contra incendios —me explicó mi mamá.

—Ahora tratamos de desactivarla apretando estas palancas que dicen «FIRE» —agregó mi abuelita.

La puerta de entrada se abrió de golpe, y aparecieron dos hombres negros uniformados, altos como basquetbolistas.

—¿Dónde está el incendio? —preguntaron gritando.

Comenzaron a registrarlo todo. Otro par de hombres ingresó tras ellos.

—Bueno... la verdad es que no hay incendio —trató de explicar mi mamá.

—¿Cómo? ¿Una falsa alarma? —la miraron enojados.

—¡No! Yo estaba cocinando y...

—Y se le quemó la comida. ¡Típico!

Mi mamá lo miró enojada mientras mi abuelita trataba de cerrar su bata lo más posible.

—¿Por qué justo hoy se me ocurrió ponerme pijama temprano? —dijo, desesperada.

Los cuatro guardias recorrieron la casa de arriba a abajo tratando de desactivar la alarma. Pero no lo lograban.

La puerta de calle se abrió otra vez y entraron alrededor de siete hombres. ¡Eran los bomberos!

—Recibimos el llamado. ¿Dónde está el incendio? —exclamaron.

—No hay incendio —le explicaron los guardias.

—¡¿Entonces para qué nos llamaron?! ¡¿Creen que nos sobra el tiempo?! —gritaron enfurecidos.

—¡Nosotros no los hemos llamado! —respondieron también enojados los guardias.

—¿Ah no? ¿Entonces me pueden explicar por qué está activada la palanca «FIRE»? —preguntó uno de los bomberos apuntando la barra que un rato antes habían estado investigando mi mamá y mi abuelita.

—¿Apretó usted eso? —interrogó otro bombero a mi abuelita.

—¡Ah, no sé! Nosotras sólo queríamos apagar esta cosa y...

—Abuelita, ellos no hablan español —la interrumpí.

—Bueno, qué quieres. Yo tampoco hablo inglés —me contestó.

No reímos mientras los bomberos volvían a apretar las palancas activadas por mi mamá y mi abuelita. Uno de ellos nos miró furioso y nos dijo:

—Dar una falsa alarma es un delito. La próxima vez las llevaremos presas.

Asentimos tratando de aparentar seriedad, pero la risa se nos escapaba. ¡Era todo tan ridículo!

Finalmente volvió el silencio y los hombres comenzaron a abandonar la casa. Cuando salió el último, las tres explotamos en carcajadas.

—Abuelita, te voy a acusar al abuelo que te vestiste bien sexy para un montón de hombres desconocidos —le dije.

Estuvimos riéndonos hasta dormirnos.

Ella regresó a Chile unos días después y mi mamá y yo volvimos a quedarnos solas, a la espera de que Howard y Frank pudiesen arreglar mis prótesis. Pero pese a su empeño, no me quedaron cómodas. Las piernas estaban un poco más tolerables, pero aún seguían doliéndome si las usaba mucho rato. Y todavía no me acostumbraba a las manos mioeléctricas; no me gustaba como me veía con ellas y aún me producían moretones. Traté de darle poca importancia; ya habría tiempo de perfeccionarlas más adelante, durante mi próximo viaje. Además, todavía tenía las primeras prótesis, y esas sí me acomodaban.

Alegre, me despedí de mis amigos de Moss; los vería nuevamente algunos meses después. Mi cariño y agradecimiento hacia ellos era sólido; nos unían lazos permanentes.

El viaje de regreso fue plácido. Con mi mamá tuvimos algunos problemas al cargar las maletas y las nuevas prótesis, pero finalmente pudimos abrazarnos con mi papá y Ricardo y partir a casa.

Otro viaje terminaba. Era increíble cómo los meses pasaban y pasaban. No he podido parar en todo el año, pensaba. Ya cada vez faltaba menos para tener que retomar mis estudios de medicina. Me reuní con la doctora Cristina Rigo-Righi para planificar mis actividades de rehabilitación y acordamos que de ahora en adelante sería suficiente ir tres veces por semana a la Teletón. Cuando llegara octubre y tuviera que dedicarme cien por ciento a mis estudios, abandonaría la terapia.

RETOMANDO MIS ESTUDIOS

Contaba con seis semanas para habituarme a ir de nuevo a la universidad antes de que llegara la fecha de mi reintegro oficial. Había dejado pendientes tres capítulos: el de Dermatología, el de Reumatología y el de Endocrinología. Además, debía preparar los exámenes finales, que incluían todo lo aprendido durante el año, y repasar la materia completa que debía dominar para poder funcionar en el hospital. Nuevamente me empecé a sentir muy nerviosa. ¿Cómo iba a ponerme al día en sólo mes y medio? Lo peor era mi incapacidad para concentrarme; miraba los textos y me parecían escritos en chino. ¿Alguna vez había entendido los electrolitos plasmáticos? ¿O qué era una miocardiopatía hipertrófica? Doce meses sin tomar un libro de medicina me estaban pasando la cuenta. Mis neuronas parecían dormidas y se negaban a trabajar. ¿Cómo iba a lograrlo? ¡Qué vergüenza! Me daban la oportunidad de volver y yo iba a reprobar por no saber nada.

Y llegó el gran día, el de mi regreso formal a clases. Ya no me podía refugiar en mis antiguos compañeros; mi curso era nuevo. ¿Cómo me recibirían? Tengo la imagen clara en mi mente. Entré a la sala, me senté en la primera fila y me dediqué a mirar y a escuchar. Eran personas desconocidas, reían, y yo no sabía de qué. Sin duda formaban un grupo cohesionado, estaban juntos desde primer año. ¿Cómo iba a integrarme?

Al término de la clase y durante el recreo varios se acercaron a saludarme con gran simpatía. Reconocí algunas caras de quienes habían compartido conmigo los primeros años y luego habían repetido. Asimismo, me reencontré con compañeros de colegio y de actividades universitarias. Me sentí más tranquila. La reinserción no sería tan difícil, después de todo.

Mi primera mañana en el hospital también fue emocionante. Mi papá me fue a dejar como a las ocho, me acompañó a buscar mi scooter, que estaba al cuidado de los guardias de la universidad, y fue conmigo hasta la Posta Central. Allí me encontré con quienes me correspondía trabajar.

—¡Qué bueno que hayas venido! Por fin el grupo está completo —me dijeron con calidez.

Me acompañaron a guardar mi scooter y fuimos juntos al piso de medicina interna. Me alegraba estar de vuelta, pero aún no podía vencer mi timidez frente a los enfermos, de modo que me mantuve a la cola de mis compañeros, sin separarme de ellos. Finalmente llegó el médico que sería nuestro tutor y nos designó un paciente a cada uno. No tenía escapatoria. Temiendo la reacción del enfermo, me acerqué algo insegura y me presenté. Sus primeras palabras fueron una exclamación de agrado:

—¡Pero si yo a usted la conozco! Qué rico poder verla en persona.

Empatizamos de inmediato. Me di cuenta de que el haber estado hospitalizada me ayudaba a entender mejor a los enfermos. ¡Quién lo hubiese creído! Al final no sólo no tuve problemas, sino que, gracias a mi experiencia, mi relación con quienes sufrían era mucho más profunda y enriquecedora.

A medida que pasaban los días fui notando que todo lo que yo creía olvidado permanecía guardado en algún rincón de mi memoria. Recuperé mi confianza cuando, al escuchar a mis compañeros o a los doctores hablar de algún tema, de pronto ¡ahí estaba! Mi mente reconocía los términos, establecía relaciones, entendía de qué conversaban. Así, cada vez me fue siendo más fácil estudiar, aunque me aterraba la cantidad de materia que debía absorber en muy poco tiempo. Me concentré al máximo para ponerme al día. Se cumplió un año de mi accidente y no me di cuenta gracias al empeño en sacar mi carrera adelante. Pensé que esa fecha me iba a afectar más, pero no fue así.

Además, la integración a mi nuevo curso iba viento en popa. Me sentí tan acogida que incluso pude formar parte de un grupo de estudio con el cual me juntaba a preparar los exámenes. Pero también mantuve los lazos con mis antiguos compañeros. Con la Maca y la Paula tomamos el mismo curso electivo para poder vernos todas las semanas.

El scooter había sido una excelente idea. Cada mañana me iba con mi papá hasta la universidad y me subía a mi carrito. Así me trasladaba sin problemas hasta la Posta Central donde lo dejaba guardado mientras caminaba por el hospital usando mi bastón. Como a las doce y media retornaba a buscarlo y volvía al edificio de medicina. Algunos días almorzaba con mis nuevos compañeros y otros con mi antiguo curso. Después asistía a un par de clases, donde tomaba apuntes sin problemas, y luego volvía a mi casa. Algunas veces me pasaba a buscar mi mamá y otras me volvía con algunas compañeras. ¡Todo funcionaba de maravillas!

La primera prueba que rendí fue sobre Dermatología. Era un lunes, de modo que pasé el fin de semana completo estudiando; tenía que irme bien. Cuando me entregaron las preguntas, empecé a contestar feliz porque comprendí que mi esfuerzo no había sido en vano. Después vinieron los capítulos de Reumatología y Endocrinología y también obtuve buenos resultados. Pero faltaba la parte más difícil: los exámenes finales.

Al término de cuarto año de medicina hay que rendir tres exámenes. En el primero al alumno se le asigna un paciente al que debe conocer y examinar para luego dirigirse donde una comisión de médicos que interrogan sobre las enfermedades del paciente, los posibles tratamientos, las complicaciones, el pronóstico, y cosas por el estilo. El segundo es un examen práctico que consta de varias estaciones donde el alumno tiene que ir resolviendo diversos problemas relacionados con las materias aprendidas a lo largo del año, como por ejemplo relacionar distintas radiografías con las enfermedades correspondientes. Pero su dificultad radica en que es contra el tiempo; sólo hay cinco minutos por estación. Y el último es una prueba escrita sobre la materia de ambos semestres. El que más me preocupaba era aquel con paciente. Nunca me han gustado los exámenes orales, me pongo muy nerviosa.

Y, claro, el primero que me tocó rendir fue el examen oral con paciente, y, a pesar de que me temblaba la voz, me fue bien. Después vino el examen práctico con estaciones, que tuve que dar sola porque no podía correr de una estación a otra a la misma velocidad de mis compañeros. Salí tranquila, con la impresión de haberlo hecho bien. El último fue el examen escrito, que, pese a no estar fácil, creí haber aprobado.

Un par de días después se publicaban los resultados. La espera se me hizo eterna. Los alumnos reprobados debían repetirlo en forma oral y ante una comisión. La sola posibilidad de enfrentar a una comisión y responder sus preguntas me hacía tiritar. Mientras rogaba librarme de esa tortura, una compañera me llamó por teléfono y me comunicó mis notas. ¡Los había aprobado todos! ¡Lo había logrado! Ahora formalmente era una alumna de quinto año de medicina. ¡Había retomado mi carrera, tan importante para mí! Poco a poco estaba reanudando mi vida en el mismo punto donde la había dejado. Sentí como si mi existencia fuera una película puesta en *pause* y a la que finalmente podía apretar otra vez *play*.

LA TELETÓN

La Teletón de ese año 2003 estaba programada para el 21 y 22 de noviembre. A medida que se acercaba la fecha pensé que me llamarían de la institución para pedirme que los ayudara en la campaña, pero nadie lo hizo. Y en verdad me sentí aliviada; la sola posibilidad de aparecer en televisión me ponía muy nerviosa.

El 22 de noviembre, sábado, pasé el día en la casa de Ricardo y cada cierto rato prendía la televisión para ver cómo iba la recaudación de fondos. Alrededor de las ocho y media de la noche, con Ricardo fuimos a un banco cerca de su casa a hacer nuestro aporte. Allí una pantalla mostraba a algunos participantes de esas «Veinticinco horas de amor». De pronto, con un gesto que demostraba su desazón, Don Francisco anunció un nuevo cómputo: era sólo la mitad de la meta que se había propuesto para el año. ¡Y faltaban menos de tres horas para que se cumpliera el plazo! Desilusionada, al dirigirnos al auto no puse atención a lo que me decía Ricardo. Cómo era posible, si la gente supiera la labor de la Teletón, a cuántos niños esta gran obra cambia la vida, pensaba. Y yo, ahí, sin hacer nada.

—Ricardo, quiero ir al Estadio Nacional —le dije, segura de que me diría que era un locura. El Estadio, donde se desarrollaba la etapa final, estaría a esas horas atestado de gente.

—Si quieres ir, yo te acompaño —me contestó.

Volvimos pensando cómo hacerlo para que fuera efectivo. En casa de Ricardo les comunicamos nuestro plan a la Caro y a Franz, sus hermanos. También estaba la Sandra, polola de Franz. Los tres se ofrecieron para ir con nosotros. Oscurecía y empezaba a hacer frío, de modo que lo primero fue pasar por mi casa a ponerme ropa más abrigada.

Mis papás tenían visitas. Cuando les conté lo que quería hacer me dijeron que no lo iba a lograr.

—¿Sabes la cantidad de gente que hay en el Estadio Nacional? Es imposible que consigan entrar, además ya sólo faltan algunas horas para que termine —señaló mi madre.

Sí, era cierto, pero yo debía ir. Mi conciencia no quedaría tranquila si por lo menos no lo intentaba.

Era mucho lo que le debía a la institución de la Teletón.

En el auto de mi mamá partimos la Caro, Franz, la Sandra, Ricardo y yo. En el camino pensé y pensé qué esperaba lograr, pero no encontré la respuesta. Todos estábamos igual de emocionados y nerviosos; sabíamos que iba a ser una odisea abrirnos paso.

Nos estacionamos cerca de la entrada y nos bajamos todos. Se nos acercó un carabinero.

—¿Se puede saber para dónde van ustedes? —nos preguntó.

—Ella viene a ver si puede ayudar en algo —dijo la Caro, señalándome.

El carabinero, muy amable, nos indicó un acceso atochado de gente. Nos dirigimos hacia allá.

La entrada, además de estar repleta de personas, era custodiada por guardias que impedían el paso.

—Jamás lo lograremos —dije con pesar.

De pronto alguien se me acercó.

—¿Eres tú Daniela García?

—¡Sí, soy yo! —le contesté.

Le conté a qué venía, y el señor nos pidió que esperáramos. Volvió con otra persona, alguien que podía comunicarse con el escenario, dijo. Habló por una especie de walkie-talkie y luego nos ordenó que lo siguiéramos.

—¡Hey, espérennos! ¡No nos dejan entrar! —gritaron al unísono Franz, la Caro y la Sandra.

Me sentí como una artista de cine cuando le dije al guardia que ellos venían conmigo. Finalmente ingresamos los cinco.

En un gran pasillo nuevamente tuvimos que detenernos. Decenas de personas circulaban de un lado a otro, sin duda preocupados de que todo funcionara bien. Al rato volvió el señor.

—Lo siento, pero el escenario está copado. No podrás ir hasta allá —me informó.

Gentilmente nos ofreció quedarnos donde estábamos y mirar desde allí lo que acontecía. Por un lado me relajé. Al parecer, todo había terminado. Pero seguía penándome esa sensación como que algo debía hacer, algo faltaba.

Al quedarnos solos nos pusimos a recorrer el pasillo y nos topamos con una gran escalera que bajaba. Había alguien parado allí, y le preguntamos hacia dónde iba la escala. Al escenario, nos dijo. Los cinco nos miramos y no tuvimos que decir nada más; comenzamos a bajar. Era larguísima y remataba en un pasillo oscuro. Seguimos avanzando y nos encontramos con otra escalera, pero ésta subía.

Al llegar arriba nos dimos cuenta de que estábamos situados justo debajo del escenario.

Otro mar de gente corría dando órdenes frenéticas y por supuesto nadie nos prestó atención, de manera que continuamos avanzando sin problemas hacia la entrada del escenario. Casi al llegar, alguien se nos acercó.

—¿Qué hacen ustedes aquí? —nos preguntó desconcertado.

Me presenté y le dije que quería ayudar en algo, en lo que fuera. La persona me miró con cara de asombro, desapareció y regresó con un tipo que me pareció conocido. Era nada menos que Rafael Araneda, el animador de televisión. Repetí mi historia y me dijo que vería qué podía hacer. ¿Cuántas veces más tendría que reiterar lo mismo? Ya me sentía ridícula. Además, ¿serviría de algo lo que estaba haciendo? ¿O sólo era una pérdida de tiempo? Araneda volvió con su típica sonrisa de oreja a oreja y me anunció que me preparara para subir al escenario en algunos minutos. Ahí si que me asusté. ¿Subir al escenario? ¿A decir qué? Temblaba entera y sentí mariposas en mi estómago. Le dije a Ricardo que por favor no me dejara sola.

—No pienso hacerlo —me dijo sonriendo con tranquilidad.

Transcurrieron cinco o diez minutos y nosotros seguíamos parados en la entrada lateral del proscenio. Mis nervios me comían. Otra vez se acercó Rafael Araneda para decirnos que ya faltaba poco. Aproveché de contarle que yo no podía más de nervios, así que por favor no me hiciera preguntas complicadas. Ojalá fueran de esas interrogantes cerradas, en las que uno contesta sí o no.

—No te preocupes —me dijo y desapareció sin dejar de sonreír.

Intuí que ya era la hora de subir, así que agarré la mano de Ricardo y no la solté más. Cada vez que subía un peldaño de la pequeña escalera que llevaba al escenario aumentaban mis nervios. ¿Y si me devolvía? Aún era tiempo... Miré a Ricardo asustada. Él también estaba nervioso. De pronto vi a Rafael Araneda y a Don Francisco iluminados por unos focos inmensos. Alguien nos guió hasta el extremo opuesto y mientras avanzábamos escuché a Don Francisco contar mi historia. Mientras hablaba, no volaba una mosca. Yo, en tanto, miraba sin distinguir más que una masa. ¡Qué cantidad de gente! Se nos perdía la vista entre la multitud. De repente unas luces cegadoras cayeron sobre nosotros y Don Francisco comenzó a acercarse. Me preguntó qué deseaba decir, y antes de darme cuenta de que era una pregunta abierta —lo que yo más temía— me puse a contestar. No me acuerdo nada de lo que dije, y aunque sólo estuvimos unos minutos sobre el escenario, para mí fue como si el tiempo se hubiese detenido.

Al abandonar el proscenio nos esperaban la Caro, Franz y la Sandra. Les conté que no me acordaba bien qué había dicho y se empezaron a burlar de mí. ¡Hablaste puras cabezas de pescado! Soltamos una carcajada en el preciso momento en que algunas personas de la organización se aproximaban para darme las gracias y entregarme una medalla, la misma que recibían los artistas invitados. Me puse muy contenta, había cumplido mi propia meta, sirviera o no. Había pagado en parte mi gran deuda con la Teletón.

Nos quedamos hasta el final y volvimos a mi casa. Mis papás habían grabado nuestra participación, así que pude escuchar con calma mis palabras. Había hablado con el corazón, y esperaba que de verdad hubiese servido de algo. Al acostarme me costó conciliar el sueño. Revivía una y otra vez lo ocurrido esa noche. Y a cada momento me ponía más feliz, estaba dichosa con lo que había hecho. Me sentía realizada.

MI VIDA CONTINÚA

Aún recuerdo mis primeras semanas en el hospital, cuando creía que iba a poder retomar mis estudios en un par de meses, que las prótesis reemplazarían completamente las partes que perdí, que todo volvería a ser exactamente igual que antes. ¡Qué error! Todo cambió, nada es como solía ser.

Antes del accidente se podría decir que mi existencia era bastante normal. Vivía con mi familia, pololeaba y estudiaba la carrera que había escogido. Mis máximas preocupaciones eran la prueba de la próxima semana o tonteras así. Tenía muchos planes, era feliz. Es increíble cómo de pronto, en un segundo, todo cambia. Los noticieros muestran tragedias horribles y, aunque nos afectan, nunca pensamos que nos pueden ocurrir a nosotros. ¿Por qué creeremos que somos una especie de seres invulnerables?

Mi vida ahora es muy distinta. Muy diferente a lo que hubiese imaginado para mí. Pero he aprendido algo muy importante: no porque sea distinta significa que sea mala. No porque en nuestra vida acontezca algo terrible significa que en nuestro futuro no volverán a haber alegrías.

Desde que tuve el accidente he recibido más cariño del que nunca creí que existiese, he conocido a personas maravillosas, me he acercado mucho más a mi familia, a mis amigos y a Ricardo. Cada logro que he alcanzado, cada cosa nueva que he aprendido me ha traído las alegrías más grandes que he sentido en mi vida. Ahora vivo más tranquila, ya no me preocupo de las banalidades por las que antes me desvelaba. Disfruto más de las cosas simples, valoro la amistad y el cariño.

Mis metas siguen siendo las mismas que tuve antes del accidente. Todavía quiero llegar a ser una buena doctora, tanto en conocimiento como en mi relación con los pacientes. Quiero casarme y formar una familia, ser una buena madre. Pero lo más importante, quiero ser feliz. Sé que los caminos que deba recorrer serán distintos a los que tenía planeados, probablemente más largos, pero eso no significa que no llegaré adonde me lo proponga. Sólo tengo que esforzarme.

¿Volvería el tiempo atrás si pudiera? Siempre voy a extrañar mis manos y mis piernas. Eran parte de mí y las perdí. Pero son tantas las cosas maravillosas que he vivido después del accidente que no puedo dejar de pensar que todo tiene un sentido, un porqué. Tal vez más adelante lo entienda mejor.

Sólo puedo decir, como siempre lo he pensado, que creo que la vida es un regalo maravilloso, ¡y vale la pena vivirla!

EPÍLOGO

No es posible poner punto final a este libro. Día a día sigo viviendo algo nuevo, digno de compartir con todos. He aprendido que la rehabilitación es eterna, cada día se puede ser mejor. Es imposible agradecer suficiente a todas esas personas que han puesto su granito de arena para permitir que cada una de mis metas se vaya cumpliendo.

Ha pasado casi un año desde mi participación en la Teletón y siento que el tiempo ha transcurrido como un simple pestañeo. Después de aparecer en televisión nuevamente tuve que esconderme de los medios de prensa. Yo sólo quería una vida tranquila, no tengo pasta de artista. Gracias a mi familia y a la gente de la universidad, que pusieron un muro protector en torna a mí, retornó la normalidad.

El verano de 2004 fui nuevamente a Filadelfia. Ahí finalmente pudieron arreglarme las prótesis que tanto dolor me causaban. Ahora las uso sin problemas y puedo apreciar lo avanzadas y sofisticadas que son. También seguí un curso de conducir con Dan y pude volver a Chile con un certificado que me acreditaba apta para manejar un automóvil.

Una vez en Chile inicié los trámites, que no fueron pocos, para sacar mi licencia de conducir. Después de muchos papeleos la obtuve y es increíble la independencia que me otorga; ahora ya no tengo que pedirle a nadie que me lleve a algún lado. Sólo aviso: ¡Voy a salir!

En cuanto a la universidad, he asistido todo el año como alumna regular y eso me hace muy feliz. Estoy terminando el quinto año y el próximo empiezo mi internado. No me siento en desventaja alguna con respecto a mis compañeros. Incluso yo diría que es al revés, porque ya no me estreso como lo hacía antes. Tuve la oportunidad de escoger si quería continuar la carrera y elegí que sí. Y lo hice a conciencia, me encanta estudiar medicina y eso lo valoro más que antes.

Todavía no sé en qué quiero especializarme después de terminar el internado. Pero no siento que hayan disminuido las opciones. Al contrario. He podido tomar contacto con especialidades tan interesantes como la fisiatría, y nunca lo hubiese hecho de no haber tenido el accidente.

Mi familia poco a poco ha vuelto a ser la que era antes. Ya no todo gira en torno a lo que me pasa a mí, sino que somos nuevamente un grupo más homogéneo, donde cada uno importa por igual. Pero su amor y apoyo incondicional continúan, sé que siempre puedo contar con ellos.

Con Ricardo vamos a cumplir cinco años juntos. Cuando sufrí el accidente tuve mucho susto de que nuestra relación terminara. Después de todo, sólo era un pololeo, no estábamos casados. Ricardo no tenía ninguna obligación de quedarse junto a mí. Pero lo hizo. Y se mantuvo a mi lado incluso en momentos en los que ni yo quería estar conmigo. Fue el primero en adaptarse a los cambios que se produjeron, incluso antes que yo, y me ayudó a aceptarlos a mí también. Siempre le voy a estar agradecida.

Sigo andando en bicicleta. Para la navidad de 2003 mis papás me regalaron una doble para poder pedalear con Ricardo. Ahora vamos a los mismos lugares a los que íbamos antes del accidente. Es rico saber que después de todo lo que ha pasado algunas cosas siguen igual.

Por fin siento que he retomado las riendas de mi vida. Y no puedo dejar de recordar la frase del doctor Esquenazi la primera vez que lo vi:

Tu vida será lo que tú quieras hacer de ella.

Santiago, octubre de 2004

Estas fotos son un recuerdo de mi infancia, un período muy feliz en mi vida.

De niños éramos muy unidos con mis hermanos. Aquí, en la playa, estoy con mi mellizo Cristián y con Martín.

Los cinco hermanos, en una fotografía anterior a mi accidente. Rafael, yo, Cristián, José Ignacio y, de pie, Martín.

Las muestras de afecto de mi familia y amigos alegraron los muros de mi habitación, en la Torre Clínica del Hospital de la Universidad Católica.

En enero de 2003 llegué, por primera vez, al Moss Rehab Institute, en Filadelfia, Estados Unidos.

Parte del equipo que colaboró en mi rehabilitación en Moss: Joe, terapeuta ocupacional; María, terapeuta física; Howard, protesista, y el doctor Alberto Esquenazi.

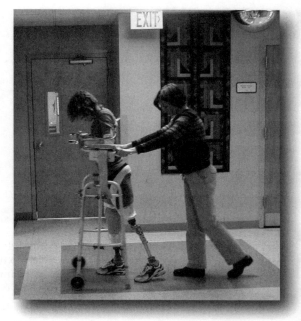

Di mis primeros pasos sólo tres meses después del accidente. La felicidad de volver a caminar era inmensa.

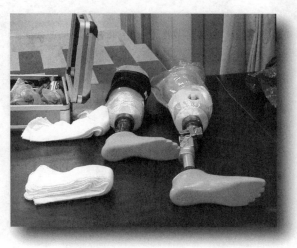

Estas son las prótesis originales, las que me permitieron recuperar gran parte de mi independencia.

Había cumplido mi propia meta, sirviera o no. Había pagado en parte mi gran deuda con la Teletón.

Escuché a Don Francisco contar mi historia, mientras mi vista se perdía entre la multitud.

ELEGÍ VIVIR

Su madre cuenta detalles del repentino impulso que condujo a su hija al Estadio Nacional

Conmovedora aparición de Daniela García salvó a último minuto la Teletón

MARCELA ANDRÉS

La aparición de Daniela García sobre el escenario del Estadio Nacional fue una de las escenas más impactantes y conmovedoras de la última Teletón. Recién el 30 de octubre la joven estudiante de medicina de la UC cumplió un año del accidente que la dejó sin brazos ni piernas tras caer del tren que la llevaba rumbo a unas olimpíadas universitarias en Temuco. Y a pesar de que siempre había preferido el silencio, decidió enfrentarse a 100 mil personas y a la TV para pedir la colaboración del público en el cumplimiento de una meta que naufragaba.

Llena de emoción, reconoció junto a Mario Kreutzberger que "nunca he querido dar testimonio de nada, porque no me siento lista. Este es un proceso que recién estoy partiendo y estoy aprendiendo que es para toda la vida". En ese momento todo el recinto aplaudió su valentía, mientras era apoyada por su pololo Rodrigo, quien la acompaña desde hace cuatro años.

Pero llegar al escenario central no fue nada fácil para la valiente universitaria de 22 años, quien con su presencia logró conmover a los chilenos y aumentar las donaciones justo en el momento en que la meta se venía al suelo. (Ver nota aparte)

Tras su fugaz aparición, Daniela prefirió ayer volver al anonimato. Sin embargo, su madre, Leonor Palomer, comentó en la mañana que la decisión de su hija fue absolutamente impulsiva y que ella se enteró por teléfono del ejemplo de esfuerzo que quería dar.

"No era una cosa preparada. Don Francisco no la conocía. La Daniela lo sintió en ese momento como un impulso necesario y que podía servir de algo. Además, había que ser consecuentes. Si hay una institución como la Teletón que ha sido tan buena con nosotros, había que poner un poquito de ayuda si se podía", explicó la madre de Daniela, al recordar que la joven ha realizado parte de su rehabilitación en el instituto de Santiago.

-¿En qué momento Daniela decidió que iría al estadio?

-Nunca se habló de esto ni le pidieron nada. Ella estaba viendo el programa como cualquiera, estaba con el pololo, vio que la meta estaba lejos y que ya eran las 22:30 de la noche y era difícil que se pudiese cumplir. Me llamó diciendo que quería hacer algo y que quería ir para allá. Yo le dije cómo vas a ir al estadio si son 80 mil personas, está lleno de autos, nadie sabe que vas a ir tú, nadie te va a ayudar, cómo vas a llegar, es imposible. Pero ella dijo que lo iba a intentar.

-¿Se sintió orgullosa cuando la vio?

-Sí, fue una cosa de ella, uno no la puede presionar porque todo esto lleva tiempo y ella ha ido superando etapas y ahora está preocupada de sus estudios de medicina. Ella no tiene miedo de cómo la vean, sino que quiere estar tranquila, porque por mucho tiempo nosotros estuvimos muy expuestos.

-¿Le sorprendió que su hija lograra llegar al escenario?

-Ya no me asombra nada de la Daniela. A estas alturas soy una espectadora total de sus avances y sus cosas. Estoy orgullosa desde el primer minuto de ella porque yo jamás me imaginé que a un año de su accidente iba a lograr todo lo que ha logrado. Nunca termino de aprender cosas de ella.

-¿Qué le contó después de bajar del escenario?

-Estaba muy nerviosa, no se acordaba de nada de lo que había dicho, si habló bien o no, pero creo que si esto ayudó con las donaciones, Daniela estará muy feliz, porque valió la pena.

Daniela decidió ir al estadio para pedir alegremente el aporte de los chilenos.

Mario Kreutzberger aún se emociona con Daniela.

Organizadores la comparan con un ángel tras elevar las donaciones

Don Francisco: "Ella nos ayudó mucho"

MARCELA ANDRÉS

La sorpresiva participación de Daniela García fue de tal ayuda para la campaña con el aumento de donaciones, que quienes hablaron con la joven no dudan en calificarla hasta de "ángel".

"Me dijeron que ella no quería hablar con nadie y de pronto apareció allí, con todas sus prótesis al aire y con una sonrisa... justo en el momento en que estaba a punto de fracasar y llega una niña así a darte su apoyo. Uno dice esto sí que vale la pena. Ella nos ayudó mucho", aseguró conmovido Mario Kreutzberger. El animador aún está sorprendido con la belleza que irradia la joven, a quien sólo conocía por los comentarios de su familia.

Ximena Casarejos, directora ejecutiva de la fundación Teletón, reconoce que "lo más importante es que ella estaba muy feliz de hacerlo y realmente ayudó, porque produjo un aumento en las donaciones después de su visita. Fue un angelito que llegó".

Casuejos agrega que "Daniela estaba muy contenta, le agradecimos mucho, le dijimos que se quedara a ver a los artistas".

Al animador Rafael Araneda también le correspondió compartir el escenario con Daniela y recuerda qué todo fue muy impresionante. "Ella me preguntó si podía subir su pololo, porque le daba susto subir sola y le dijimos que sí. Su llamado le hizo muy bien a la Teletón, creo que fue un ángel que vino en el momento que más lo necesitábamos, porque las donaciones aumentaron. Fue increíble", añade Araneda.

Hablé con el corazón, y esperaba que de verdad hubiese servido de algo.

Con Ricardo ya vamos a cumplir cinco años de pololeo. Él fue el primero en adaptarse a los cambios que se produjeron y me ayudó a aceptarlos.

ÍNDICE

Agradecimientos   9

Prólogo   11

Antes del accidente   15
El accidente   25
El rescate   30
Los recuerdos de un amigo: Diego Zanolli   51
El despertar   59
En la UCI   64
Los primeros días en la clínica   74
Toneladas de cariño   80
El comienzo de mi rehabilitación   91
La cuenta regresiva   99
El testimonio de Leonor   105
Preparando el primer viaje   117
La llegada a Filadelfia y a
Moss Rehab Institute   123
El inicio de la terapia física   132

La terapia ocupacional y la aceptación	141
La motivadora terapia recreacional	147
De regreso a Chile	152
Otra vez en casa	161
Preparando mi retorno a clases	166
Otra vez a Moss	173
El arco iris después de la lluvia	180
Otro viaje termina	190
Retomando mis estudios	196
La Teletón	202
Mi vida continúa	209
Epílogo	212